Das unterirdische Rom

Ivana Della Portella

Das unterirdische Rom

Katakomben, Bäder, Tempel

Fotografien
Mark E. Smith

KÖNEMANN

Arsenale Editrice srl

Originalausgabe © 1999
Arsenale Editrice
San Polo 1789
30125 Venezia
Italia

Originaltitel: Roma sotterranea

© 2000 für die deutsche Ausgabe:
Könemann Verlagsgesellschaft mbH
Bonner Str. 126, D-50968 Köln

Für Daniela Kumor:
Übersetzung aus dem Italienischen: Claudia Podehl, Rom
(S. 1–147), Michael Seer, Köln (S. 148–265)
Lektorat: Dr. Helga Willinghöfer, Köln
Redaktion und Satz der deutschen Ausgabe:
Daniela Kumor, Köln

Projektkoordination: Andrea Fuß
Herstellung: Ursula Schümer

Druck und Bindung: Neue Stalling, Oldenburg
Printed in Germany

ISBN 3-8290-2118-6

10 9 8 7 6 5 4 3 2 1

Bildnachweis:
Archivio Fotografico »Forma Urbis«, Rom,
S. 28, 31, 34, 39, 50, 82, 95, 105, 142, 152, 160, 162, 170, 182,
208, 220, 224–227, 228, 240, 244, 247, 262
Archivio Fotografico Museo di Palazzo Massimo, Rom,
S. 166, 233
Archivio Fotografico Scala, Florenz, S. 161, 234–235, 249,
250–251
Archivio Fotografico suore Benedettine, Rom, S. 102–107,
212–215
Biblioteca Nazionale Marciana, Venedig, S. 10, 58, 62, 79, 109,
110, 112, 134
Humberto N. Serra, Rom, S. 10, 11, 12–13
Istituto Nazionale per la Grafica, Rom, S. 159
Pino Agostini, Verona, S. 108, 111, 113

Der Verlag dankt für die freundliche Mitarbeit:
Padri Domenicani Irlandesi (San Clemente, S. 42–49, 186–193)
Padri Carmelitani (San Martino ai Monti, S. 194–197)
Padri Passionisti (Santi Giovanni e Paolo, S. 198–205)

Meiner Mutter gewidmet

Inhalt

Vorwort

*W*enn wir das geheime Rom erforschen wollen, können wir an jeglichem Punkt der un-
endlichen, wachen oder schlafenden Stadt beginnen. Da gibt es das geheime Rom der
antiken Wohnhäuser, ein dem normalen Bürger oftmals verschlossener Bereich. Dann
gibt es das Rom der Höfe und Kreuzgänge, der hinter alten (und modernen) Mauern verborgenen
Gärten, das Rom der unerforschten heiligen Stätten, teils verlassen, teils der Meditation und dem
Gebet vorbehalten. Doch das verblüffendste ist das versunkene Rom, die unterirdische Stadt, die
beinahe ebenso groß ist wie die oberirdische.

Ivana della Portella führt uns liebevoll und gewandt durch das bekannte Rom und das verborgene
unter der Erde. Wir wissen, daß ein Großteil der antiken Stadt unter unseren Füßen schlummert,
oft im Wasser stehend oder auch völlig untergegangen, wie etwa der Circus Maximus. Doch meistens fließen die Wasserströme nur in unentwirrbaren Verflechtungen, kleine Seen, Quellen,
Rinnsale, die vom Tiber und seinen Nebenarmen in der Stadt gespeist und von der antiken und
der modernen Kanalisation nicht aufgefangen werden.

Heute hat die Archäologie den Status einer anerkannten Wissenschaft, und die Stadt Rom hat in-
tensive Forschungsarbeiten in die Wege geleitet. Auf dem Gelände der Kaiserforen haben Ausgrabungen auf einer Fläche von 14 000 Quadratmetern begonnen.

Wir sind auf den Oppius gestiegen und haben die verzauberten Visionen wiederentdeckt, die die
Grotesken der Renaissance inspirierten, und erforschen nun das wundersame Geflecht aus Architektur, Kunst und Alltagsleben, das im Fortschreiten von Ambitionen und Tragödien in der goldenen römischen Kaiserzeit geknüpft worden ist.

Ivana della Portella zeigt uns, was wir bis heute mit oft ungeduldigen Händen erforschen konnten. Sie vermittelt uns Einblick in und zugleich Ausblick auf das, was wir noch entdecken und
was die kommenden Generationen aus den Tiefen der unterirdischen Ewigen Stadt ans Licht bringen werden.

FRANCESCO RUTELLI
Bürgermeister von Rom

Rom in der Kaiserzeit

via Cornelia

via Aurelia

via Portuense

via Ostiense

via Ardeatina

via Appia

via Flaminia

via Salaria

via Nomen

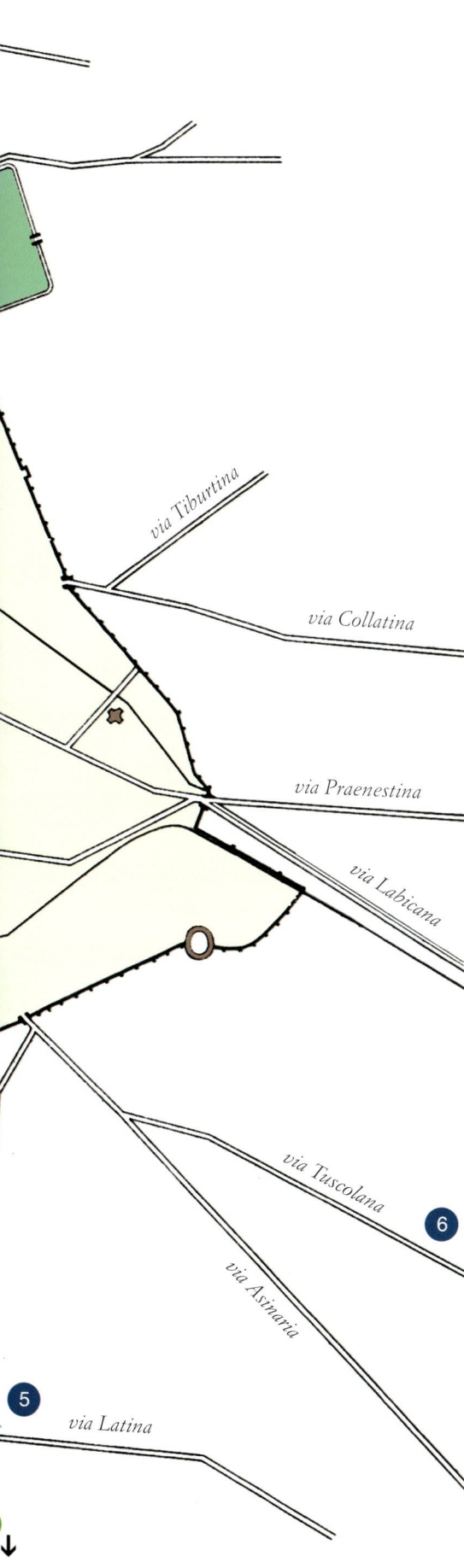

Rechts und gegenüberliegende Seite: Fragmente der Forma Urbis, *eines marmornen Stadtplans Roms (Maßstab 1:246, zwischen 203 und 211 n. Chr. entstanden), der die Stadt in der Zeit des Septimius Severus äußerst genau wiedergibt. Der Plan bestand aus elf abwechselnd horizontal und vertikal angeordneten Reihen von 151 Platten. Er war 18,10 m breit und 13 m hoch. Es blieb etwa ein Zehntel der ursprünglich 235 qm erhalten.*

Unten: Die Fragmente der Forma Urbis *in einem Stich von Giovanni Battista Piranesi (1720–1778).*

Einführung

Es gibt das faszinierende, aufregende »obere« Rom, das mit seinem schmeichelnden Charme, mit seinen Farben und Ausblicken die Menschen in seinen Bann zieht. Die Stadtsilhouette schließt Kuppeln, Obelisken und Brunnen ein. Doch unter diesem glanzvollen Gewand aus unterschiedlichsten Stilepochen liegt ein »unteres« Rom aus vergangenen Tagen, aus sicherlich weniger aufsehenerregendem Leben als diese »obere Archäologie«. Es liegt verborgen und ist zum größten Teil unbekannt, obwohl unter dem Asphalt eine lichte und farbenfrohe Welt vibriert. Das Territorium dieser Unterwelt ist ein Unikum – ein mit den Zeugnissen der Vergangenheit angefülltes Labyrinth. Es sind Spuren einer Zivilisation, die kolossale Werke hinterlassen hat, deren Triumphbögen, Tempel und Säulen noch in die Oberwelt emporragen, während ihre weniger aufwendigen, weniger prachtvollen oder publikumswirksamen Bereiche unter den Schichten der Erde und der Zeit verschwunden sind. Diese Orte erscheinen jedoch fast noch faszinierender und eindrucksvoller, denn aus diesen Spuren dringt der Reichtum und das Elend vergangenen Alltagslebens hervor.

Es ist ein fast noch unerforschtes Terrain, das in einigen Fällen Kehrseiten

Folgende Seiten: Modell Roms in der Kaiserzeit. In der Mitte ist deutlich das Kolosseum zu erkennen.

von großem künstlerischen und kultur-
geschichtlichen Wert enthüllt, die denen
der Oberwelt an Würde keineswegs
nachstehen. Wir unternehmen eine Reise
in diese Schattenwelt oder in die Lager
dieser Schattenwelt – in die *castra tenebrarum,* wollen wir die Bezeichnung des
Tertullian für die Mithräen abwandeln –,
auf der Suche nach den Wurzeln einer
untergetauchten oder nur zum Teil wieder ausgegrabenen Zivilisation, die meist
gar nicht im Untergrund entstand, sondern erst durch die Ablagerungen der
Jahrhunderte zur Unterwelt wurde.

Die Mithräen, Columbarien, Lagerräume, Kasernen und Hypogäen erzählen
uns diese Geschichte und bestimmen die
Etappen unserer Reise, fort von jenem
gelehrten Latein der Foren in eine vul-
gäre Sprache, die uns die Bedürfnisse
und den Glauben des Augenblicks, des
Banalen enthüllt, Aberglauben und Ritu-
ale jenseits des Alltags aufdeckt, die versteckt und bewußt in den Untergrund
verbannt wurden.

Wir sehen reiche Domus und bescheidene Insulae, Diensträume und Kultstätten, ein buntes und facettenreiches Panorama, eine fast unendliche Palette von
Szenarien und Architekturensembles.

Im Mithräum am Circus Maximus fand
man das Kultbild eines der ältesten orientalischen Kulte. Dort kann man sich
sehr gut die Gläubigen vorstellen, die
sich intensiv betend im gleichmäßigen
Rhythmus des *tintinnabulum* (Klapperblech) bewegten oder sich auf die Initiationsprüfungen vorbereiteten.

Schreiten wir durch die Bögen des Domitiansstadions, so entdecken wir die entbehrungsreiche Welt der Wettkämpfe, die jubelnden Menschenmassen.

Im Columbarium des Pomponius Hylas stehen wir schließlich vor einer alten Darstellung des Jenseits, der orphischen Mysterien und deren fröhlicher, anmutiger Schilderung der Welt des Überirdischen, die die Dunkelheit des Todes in ein heiteres Puppentheater aus farbenfrohen Stuckarbeiten verwandelt.

An der Via Livenza erhält man eine Kostprobe verwirrender Alchimie aus frühem Christentum und sterbendem Heidentum. Es dürfte kaum nachzuweisen sein, ob die kleine Wanne an der Rückwand des Saales für die ersten freiwilligen Waschungen der Christen diente oder für die Wassertaufen der angeblich schamlosen Jünger der *baptai.*

In den unterirdischen Gewölben von San Paolo alla Regola können wir die Farben und Gerüche eines Marktviertels entdecken, des chaotischen Alltags des kleinen Mannes.

In Trastevere finden wir den Bereitschaftsdienst der Feuerwehr, ihre Kaserne *(excubitorium).* Die Kritzeleien an den Wänden verraten uns die Ängste und Wünsche der Männer, heute nur noch ein leises Geflüster über Talgfackeln, Feuerspritzen, Wassermangel und einen gefürchteten Feind, das Feuer.

Unser Weg, der gewiß nicht das gesamte Panorama der unterirdischen Stadt erfaßt, soll einen kleinen, aber repräsentativen Querschnitt bieten.

DER MITHRASKULT

Das Christentum war noch jung, als der Mithraskult mit seiner stark mystischen Ausprägung den Stolz eines schon fast erschöpften Heidentums noch einmal aufrüttelte. Von Anfang an wiesen die beiden monotheistischen Religionen zahlreiche Gemeinsamkeiten auf, wetteiferten mit Riten und Liturgien um den besten Weg zu Errettung und Reinigung. Die eine zielte auf die Verbreitung der Ökumene ab, die andere wandte sich exklusiv an einen kleinen Kreis von Eingeweihten – ein bedeutender Unterschied, der das Schicksal und das jahrhundertelange Weiterleben der exklusiveren und mystisch ausgerichteten Religion, des Mithraskultes, stark beeinflussen sollte.

Die Verbreitung

Der Name des ursprünglich iranischen Kultes stammt von dem Gott Mithras (gleichnamig mit dem indo-iranischen Mitra), der in den ältesten östlichen Darstellungen als Sonnengott erscheint, als Garant der Vereinbarungen zwischen den Stämmen, Gott des geschworenen Glaubens, Beschützer der Verträge und aller gesellschaftlichen Übereinkommen, die dem Frieden und der Stabilität agrarischer Gemeinschaften dienten.[1]
Das frühe Bild des Sonnen- und Fruchtbarkeitsgottes nahm bereits im alten Iran langsam kriegerische, martialische Züge an, die dann auch ins Abendland übernommen wurden, als die Religion sich im römischen Kaiserreich ausbreitete.

Vorhergehende Seiten:
Mithräum am Circus
Maximus. Kleines Mar-
morrelief an der rechten
Wand des Trikliniums,
auf dem die Stiertötung
dargestellt ist. Dies war
das Kultbild der Mithras-
heiligtümer, auf dem der
symbolische und theo-
logische Inhalt des Kultes
zusammengefaßt ist. Mei-
stens werden der stier-
tötende Gott, die Schlan-
ge, der Hund und der
Skorpion dargestellt. Die
Sonne und der Mond
wohnen dem Geschehen
bei.

Als einige Piraten aus Kilikien[2], die Pompejus (67 v. Chr.) deportieren ließ, den Mithraskult in Griechenland einführten, fand dieser wegen seiner initiatorischen und heilsbringenden Philosophie sofort großen Anklang und verbreitete sich rasch im gesamten Mittelmeerraum und auch in Nordeuropa.

Durch die Übernahme ins Abendland erhielt der Glaube neue Züge, entfernte sich von der ursprünglichen Prägung. In einem komplizierten Entwicklungsprozeß wandelte er sich von der iranischen und indo-arischen Prägung des Zoroastrismus oder Mazdaismus und nahm chaldäisch-babylonische Doktrinen und Liturgien auf, insbesondere Astrologie, Astrolatrie und die magisch-religiösen Regeln aus dem Gedankengut der Magusier. Der römische Mithraskult ist also aus einem synkretistischen Prozeß hervorgegangen, der dem Gott Mithras ganz andere Züge verlieh als die ihm ursprünglich eigenen. Die mystische, magische, heilsversprechende Tendenz hatte Überhand genommen. Im 3. Jahrhundert n. Chr.[3] erlebte er seine größte Verbreitung. Danach wurde er von dem im Gleichtakt mit dem Verfall des römischen Reiches ständig wachsenden Christentum verdrängt.

Die Sage

Will man verstehen, welche Botschaften sich hinter den bildlichen Darstellungen aus Stuck oder Malerei verbergen, muß man zunächst den Mythos kennen.

Eines Tages entsprang Mithras, ein junger und schöner Gott, als Lichtstrahl dem festen Gewölbe des Himmels. Es heißt: *invictus de petra natus.*[4] Der zeugende Stein (*petra genetrix*) hatte ihn am Ufer eines Flusses geboren, im Schatten eines heiligen Baumes. Einige Hirten, die in der Nähe weilten, wohnten dieser wundersamen Geburt bei. Sie sehen, wie er vollkommen nackt aus dem Felsen hervorkommt, mit einem Messer bewaffnet, eine Fackel in der Hand, auf dem Kopf eine phrygische Mütze. Sie beschließen, ihn aufzunehmen, bieten ihm Gaben an und verehren ihn. Von Geburt an begeht Mithras seine Heldentaten im Kampf gegen das »kosmisch-moralische« Böse.

Zunächst fordert er die Sonne heraus, die unterliegt, ein Bündnis mit ihm eingeht und ihm die Strahlenkrone schenkt (die zu seinem Attribut wird). Hier beginnt die Geschichte des wilden Stiers. Mithras fängt den wilden Stier und führt ihn in eine Grotte (*specus*), wo ein von Beschwernissen gepflasterter Weg (*transitus*) beginnt.[5] Doch der Stier flieht, die Sonne entdeckt ihn und sendet Mithras einen Raben mit der Botschaft, er solle den Stier töten. Er führt diese schwierige Aufgabe nur widerwillig aus. Er macht sich mit seinem treuen Hund auf, um den Stier zu suchen, findet ihn, als dieser in die Grotte zurückkehren will, aus der er ausgebrochen war, hält ihn an den Nüstern fest und sticht ihm das Messer in die Seite (*tauroctonia*). Und nun keimen aus dem sterbenden Stier auf wundersame Weise alle Nutzpflanzen und verbreiten

sich über die Erde. Aus dem Knochenmark entsteht das Korn, aus dem Blut ein Weinstock. Ahirman, der Gott des Bösen, kann diesem üppigen Wachsen neuen Lebens nicht tatenlos zusehen und entsendet seine übelwollenden Feldherren – den Skorpion und die Schlange –, die der Verbreitung dieser Lebenselemente Einhalt gebieten sollen. Doch ihr Versuch bleibt erfolglos, denn weder der Skorpion noch die Schlange können verhindern, daß die Samen des Stiers ausgestreut werden. Der Stier kann nun, nach seiner Läu-

terung, zum Mond aufsteigen und alle dem Menschen nützlichen Tierarten erschaffen. Mithras und die Sonne besiegeln ihren Sieg mit einem Mahl (agape), besteigen die Sonnenquadriga und fahren in den Himmel, von wo aus Mithras von nun an die Gläubigen beschützt.

Der specus – die Kultstätte

Der Mithraskult wurde in Höhlen, Grotten, natürlichen und künstlichen unter-

Das Mithräum am Circus Maximus. Triklinium für die Mithras-Agape (heiliges Mahl) mit seitlich angeordneten Bänken für die Gläubigen. Unter dem großen Bogen im Hintergrund war vermutlich die Stiertötung wiedergegeben.

irdischen Räumen *(specus)* abgehalten. Das Aufsuchen solch dunkler Schlupfwinkel, das nichts mit der Lust am Schauder oder an der Finsternis zu tun hat, entsprach den symbolischen Vorschriften, die wir einem Zitat aus den Schriften des Porphyrius entnehmen können: »Zarathustra war der erste, der Mithras, dem Vater aller Dinge, eine natürliche Höhle in den nahen Bergen Persiens weihte [...]; diese Höhle enthielt in seinen Augen das Bild des Kosmos, dessen Demiurg Mithras war, und die Gegenstände, die in dieser Höhle in sorgfältig bemessenen Abständen aufgestellt waren, waren die Symbole der kosmischen Elemente und der Regionen des Himmels.«[6] Die Mithrasgrotte ist also aus astrologischen Gründen entstanden, denn sie stellte eine Allegorie des Kosmos dar. »Die Vorfahren«, so schreibt Porphyrius weiter, »weihten dem Kosmos wirklich adäquate Höhlen und Grotten, [...] denn sie machten die Erde zum Symbol der Materie, aus der der Kosmos besteht [...], und auf der anderen Seite stellten die Höhlen den aus der Materie sich bildenden Kosmos dar.«[7] Somit müssen also niederträchtige Unterstellungen, wie die von Tertullian, zurückgewiesen werden, der die Mithräen als »Lager der Finsternis« *(castra tenebrarum)*[8] bezeichnete, im Gegensatz zu den *castra lucis,* den Lagern des Lichts, der Christen. Tertullian behauptete auch, daß dort teuflische und gotteslästerliche Riten zelebriert würden, die eine negative Umkehrung des christlichen Rituals seien.

»Diesen nennen sie Mithras, seinen Kult aber begehen sie in abgelegenen Höhlen, um so, immer in das dunkle Grausen der Finsternis versenkt, die Gnade des strahlenden, klaren Lichtes zu vermeiden. [...] O verwerfliche Erfindung einer barbarischen Ordnung!«[9] Mit solchen Schmähreden zeigten die Anhänger des Christentums, daß sie die wahren Hintergründe dieses Glaubens nicht verstanden

Tafeln mit Weihinschrif-
ten von Freigelassenen,
die man im Mithräum
gefunden hat und die
heute im Atrium ange-
bracht sind, das zu dem
großen Bogen mit dem
Kultbild führte.

Im nächsten Raum entdecken wir die üblichen *podia,* lange Bänke, auf denen sich die Gläubigen niederließen, um am heiligen Bankett teilzunehmen. In den Bänken befinden sich Vertiefungen, in denen man Speisen, Getränke und Öllampen abstellen konnte.

Zwei weitere Nischen sind im nächsten Zimmer zu sehen, in die rechte ist ein Terrakottagefäß eingelassen. Es hat vielleicht das Weihwasser für die Taufe enthalten. Diese beiden Nischen waren verputzt und ausgemalt. Mit der übrigen Innenausstattung verliehen sie dem unterirdischen Heiligtum eine monumentale Wirkung. Unter dem mächtigen Bogen, durch den wir in den Hauptteil des Heiligtums, in das *sancta sanctorum* des Gottes Mithras gelangen, unterbricht ein großes Alabasterrund den einförmi-

gen Boden aus wiederverwendeten Marmorstücken, ein schillernder Fleck inmitten der Maserungen des Cipollinos und des aschgrauen und korallenfarbenen Schotters.

Weiter vorn erkennen wir eine runde, etwa 50 cm tiefe Öffnung. Dort hatte man eine Amphore mit einigen Knochen und zwei Schweinezähnen entdeckt. Offensichtlich hatte dieser Hohlraum, den vormals eine Marmorplatte verschloß, kultische Funktion.

Auf der gegenüberliegenden Seite tritt die Hauptattraktion dieses Mithräums hervor, ein großes Marmorrelief mit der bekannten Darstellung der Stiertötung. Dies war das Kultbild, die meistverehrte Ikone in den Mithrasheiligtümern, auf der der Künstler die Sage um den Gott Mithras und die Geschichte der Stier-

tötung festgehalten hat. Der Mond und die Sonne wohnen dem Geschehen bei. Mithras blickt zur Sonne, der Rabe zupft mit dem Schnabel an seinem Mantel. Die Szene bekrönen Cautes und Cautopates, die Fackeln tragen.

Was dieses Relief gegenüber den traditionellen Darstellungen besonders auszeichnet, ist der sogenannte *transitus* auf der linken Seite, der Moment also, in dem Mithras den Stier gefangen hat und ihn in die Höhle bringt. Warum wollte der Auftraggeber in diesem Relief wohl gerade diesen Augenblick betonen? Der Inschrift am oberen Rand ist der Name des Auftraggebers zu entnehmen: Tiberius Claudius Hermes.[2] In seinem Auftrag dürfte diese Relief entstanden sein. Der *transitus* hatte eine sehr präzise symbolische Bedeutung: Er sollte die Mühen des Initiationsweges unterstrei-

Oben: Dieses antike Graffito befindet sich an der hinteren Wand des Trikliniums (links oben). Bis heute konnte es noch nicht eindeutig interpretiert werden.

Rechts: Der große Bogen im Hintergrund des Trikliniums. Dies war der heiligste Ort des Mithräums, auf den der Blick der Gläubigen fallen sollte.

chen. Vermutlich wollte also Tiberius Claudius Hermes mit seiner Spende eben diese Schwierigkeiten darstellen. Es handelt sich um ein Werk guter Qualität.[3] Größe und Aufstellungsort (bei seiner Entdeckung lag es auf dem Fußboden) weisen darauf hin, daß es sich wohl um das Kultbild handelte, das am Ende des Raumes in der Nische aufgestellt war, bevor diese zu anderen Zwecken verwendet wurde.

Ein großer Bogen, dessen Innenseite mit Bimsstein[4] verkleidet ist, unterteilt den Hauptraum des Trikliniums und bezeichnet den Ort der innigsten Verehrung. Einige Sockel unterschiedlicher Form, deren Zweck unklar ist, umgeben diesen heiligen Schrein, weisen auf eine sehr reiche Ausstattung hin, von der leider nichts erhalten blieb. Auf den beiden Basen neben dem Bogen haben wahr-

scheinlich die Statuen von Sonne und Mond gestanden, schwieriger ist die Bestimmung der anderen Sockel[5], insbesondere desjenigen mit einer dreieckigen Spitze.

Im Inneren befindet sich eine Ädikula, die einst mit glänzendem Marmor[6] ausgekleidet war – ein heiliger Schrein, der den ekstatischen Blick der Gläubigen auf dem Höhepunkt der Liturgie einfangen sollte.

Links oben, neben dem Bogen kann man neben zwei Konsolen, die wohl einst einen Architrav trugen, mit etwas Mühe ein altes Graffito entziffern. Es ist eine schwer verständliche Botschaft, die man bis heute nicht klar interpretieren konnte. Sie läßt jedoch keinen Zweifel an der Wirkung der magischen Künste. Das Wort *magicas*[7], das in die Wand dieses Mithräums eingeritzt ist, vermittelt das lebendige Band, das diese Gläubigen[8] mit den iranischen Magiern verband oder besser mit den Magusiern, die dazu beitrugen, den zoroastrischen Mithras mit Hilfe der Astrologie, des Astralismus und der magisch-synkretistischen Lehren der Chaldäer und der Babylonier in das zu verwandeln, was den römischen Mithras ausmachte.

Auf der rechten Seite ist ein weiteres kleines Relief mit einer Darstellung der Stiertötung angebracht. Es gehörte ebenfalls zur ursprünglichen Ausstattung und war Teil des faszinierenden Reichtums dieser Kultstätte.

Das Mithräum Barberini

Der stiertötende Gott Mithras mit seinem wehenden, mit Sternen bedeckten Umhang. Die sieben Sterne symbolisieren die sieben Fixsterne.

Zwischen den lauschigen Wegen des Barberini-Parks ist ein weiteres Mithräum versteckt. Verborgen im Schatten des Barockpalastes, erzählt es uns von den Geheimnissen einer römischen Sekte.

Wir gehen am Palazzo Barberini vorbei, eine breite Rampe führt hinauf zur Villa Savorgnan di Brazzà[1] (1936), die über das uralte Mithräum wacht. Über eine Treppe gelangen wir in die Grotte, die besondere Beachtung verdient, weil es sich um eines der wenigen Mithräen mit Wandgemälden handelt. Auf dem größten Bild sind Begebenheiten aus dem Leben Mithras' dargestellt.

Dieses kleine unterirdische Gebäude entstand in verschiedenen Bauphasen.[2] Der Grundriß ist rechtwinklig, darüber spannt sich ein Tonnengewölbe, an der Seite stehen gemauerte Bänke, wie es in diesen Heiligtümern üblich ist. Es handelt sich um einen von drei Räumen, die bei den Bauarbeiten für die Villa entdeckt wurden. Das flachbogige Gewölbe lastet auf dem Saal und betont die dämmrige Atmosphä-

re und die bedrückend kahlen Wände, auf denen noch Putzreste zu erkennen sind. Auf einem der Pfeiler sieht man eine weibliche Gestalt, aus ihrer Haltung könnte man schließen, daß sie Opfer darbringt. Die Bänke für die Gläubigen sind mit den üblichen Vertiefungen versehen. In die rechte ist der Name des Stifters graviert: »Yperanthes hat diese Bank dem unbesiegten Gott Mithras geschenkt.«[3]

In der Mitte steht ein Altar, aus den Löchern konnte der Rauch entweichen. Wir erinnern uns an die Aufmerksamkeit, die der *pater* – die höchste Stufe der Initiation und des Priesteramtes – dem ewigen Feuer zukommen läßt. Er betet den Sonnengott dreimal täglich an, bei Sonnenaufgang, am Mittag und bei Sonnenuntergang, wobei er sich der entsprechenden Himmelsrichtung zuwendet. Er bringt die Opfer dar, fängt das Blut in einer Grube auf, ordnet die Trankopfer an und überwacht die Ausführung der Riten.

Das große Fresko am Saalende beherrscht jedoch den Raum. Die Gestalt des stiertö-

tenden Gottes neben den beiden Fackel-
trägern ist auf hellem Grund wiedergegeben. Auf den ersten Blick scheint sich
die bekannte Ikonographie zu wieder-
holen, doch betrachtet man den oberen
Rand, entdeckt man einige interessante
Neuerungen, die diese Darstellung von
anderen unterscheiden. Ein breites, halb-
kreisförmiges Band trägt die Sternzeichen,
in der Mitte erkennt man die Gestalt des
Chronos. Das löwenköpfige Ungeheuer
erscheint in seiner würdevollen Unbeweg-
lichkeit, regiert über den Kosmos und die
Planeten und beherrscht den Kreis des
Universums. Oben beobachten Sonne und
Mond – nur ihre Oberkörper sind wiedergegeben – dieses Kreisen der Sterne,
wohnen der Bewegung des Kosmos bei,
deren Demiurg Mithras ist. Fische, Was-
sermann, Steinbock, Schütze, Skorpion
und Waage auf der einen Seite, Jungfrau,
Löwe, Krebs, Zwillinge, Stier und Widder
auf der andern bezeichnen den Gürtel der
Tierkreiszeichen. Sie betonen die fatali-

*Links: Das Fresko mit der
Mithraslegende.*

*Unten: Grundriß des
Trikliniums im Mithrä-
um.*

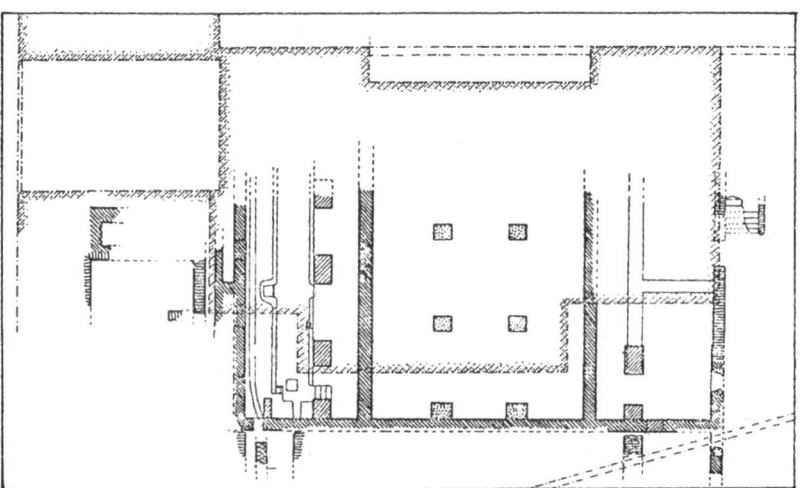

Eines der kleinen Bilder (das zweite von unten rechts) neben dem großen Fresko mit der Stiertötung. Mithras steht mit gespreizten Beinen zwischen zwei kleinen Bäumen und berührt den Halbkreis über seinem Kopf (das Himmelsgewölbe).

stische und astrologische Dimension der Mithrasreligion.

Mithras' Umhang ist mit Sternen geschmückt[4] (die sieben Fixsterne). Er hat den kosmischen Stier getötet und dadurch das Universum geschaffen, und aus dem Flattern seines Umhangs entstand die Kreisbewegung der Fixsterne. Die Planeten begannen, sich in Gegenrichtung zu drehen, und legten damit den Weg der Konstellationen im Zodiakus fest. Aus diesem Opfer des Mithras entstand die Zeit, die von den Himmelsbewegungen bestimmt wird. Neben dieser Hauptszene finden wir zu beiden Seiten zehn kleine Bilder aus dem Mithrasmythos. Die linke Seite ist fast nicht mehr zu erkennen. Doch können wir die Bilderfolge mit Hilfe eini-

ger Vergleiche rekonstruieren. Hilfreich ist auch, daß das Fresko bei seiner Entdeckung in wesentlich besserem Zustand war als heute. Im ersten Bild sieht man Zeus, der einen Blitz auf einen schlangenfüßigen Giganten schleudert, eine Anspielung auf den Kampf zwischen den Göttern und den Giganten.[5] In der zweiten Szene erkennt man ein liegendes weibliches Wesen, das man vielleicht als die von den Wassern des Coelus befruchtete Terra Mater interpretieren kann, die Oceanus gebiert.[6] Das dritte Bild zeigt Mithras, der dem Felsen entspringt, ein Messer und eine Fackel schwingend, neben ihm die Fackelträger, eine der traditionellen Darstellungen der Geburt des Mithras. Im vierten Bild sehen wir Mithras, der mit einem Pfeil auf einen Felsen schießt, um seinen Durst zu stillen. Diese Szene erinnert an Moses. Sie gehört zu einer Reihe von Erzählungen über die Geburt des ersten Menschenpaares und die Schwierigkeiten, die dieses bei den Angriffen Ahrimans, des Gottes des Bösen, überwinden muß. Das fünfte und letzte Bild auf dieser Seite zeigt den *transitus*: Man erkennt Mithras, der den Stier in die Höhle bringt. Auf der rechten Seite unten sehen wir Mithras, der einem knienden Wesen ein Stück Fleisch (oder ein Trinkhorn) reicht. Diese Episode symbolisiert wohl den Vasallenvertrag zwischen Mithras und der Sonne. Darüber steht Mithras mit gespreizten Beinen zwischen zwei kleinen Bäumchen und berührt einen Halbkreis (das Himmelsgewölbe). Das Bild soll deutlich machen, daß er als Gott des Lichtes auch der *mesites,* »der im

Zwischenbereich Wohnende« ist, denn das Licht, das die Luft trägt, liegt zwischen Himmel und Erde.[7] Das dritte Bild zeigt Mithras und eine andere Gestalt, wahrscheinlich die Sonne, die zwei Spieße auf einen Altar stellen, eine Handlung, die das Bündnis zwischen Mithras und der Sonne besiegelt. Auf dem vierten Bild ist die Sonne kaum zu erkennen. Sie steht auf der Quadriga und fordert Mithras auf, den Platz an ihrer Seite einzunehmen. Die letzte Szene schildert ein heiliges Bankett, an dem Mithras und andere Gäste teilnehmen. Sie befinden sich in einem Tablinum voller Kissen und vollziehen den Ritus.[8]

Inschrift auf der rechten Bank. Man kann den Namen des Stifters problemlos entziffern: »Yperanthes hat diese Bank dem unbesiegten Gott Mithras geschenkt.«

Das Mithräum unter
San Clemente

Das Mithräum unter San Clemente.

Zu den bekanntesten unterirdischen Anlagen dürfte wohl die unter San Clemente zählen. Es ist ein leicht zugängliches, aber in seinem Inneren außerordentlich kompliziertes und interessantes Labyrinth auf vier Etagen, die sich in Grundriß und Ausstattung stark voneinander unterscheiden.

Dem Prior dieser Kirche, Pater Mullooly, und dem bekannten Archäologen de Rossi ist das Verdienst der Entdeckung dieser unterirdischen Räume zuzuschreiben. Sie führten 1857 die ersten Grabungen durch, fanden zunächst unter der Kirche eine Basilika aus dem 4. Jahrhundert n. Chr. und im folgenden ein noch tiefer liegendes Stockwerk mit Gebäuderesten aus dem 1. Jahrhundert n. Chr. Diese dritte Schicht blieb wegen des durch die Wände eindringenden Grundwassers[1] lange Zeit unzugänglich. Erst 1912 konnte dank des nachdrücklichen Einsatzes von Pater Nolan ein Ablauf für das Wasser angelegt werden, man baute einen etwa 700 Meter langen Kanal, der San Clemente an die Cloaca Maxima hinter dem Kolosseum anschließt. Dabei entdeckte man auch die vierte Schicht. Es handelte sich um einige durch den neronischen Brand von 64 n. Chr. zerstörte Häuser, die mit Erde verfüllt worden waren und als Stützmauern für die darüber errichteten Gebäude (dritte Ebene) dienten. Man kann sie heute auf einer Seite einer kleinen Gasse sehen.

In dieser letzten Schicht entdeckte man schließlich das Mithräum. Es handelte sich um einige Räume, die man um die Mitte des 2. Jahrhunderts n. Chr. in eine ältere Domus einbaute (vielleicht ein öffentliches Gebäude vom Ende des 1. Jahrhunderts). Unter anderem kann man hier eine sogenannte Mithrasschule erkennen: ein rechteckiger Raum, in dem die Jünger vermutlich unterrichtet wurden, bevor ihnen Zulaß zu den geheimen Riten im Triklinium gewährt wurde. Sicherlich handelt es sich hier um die untersten Stufen der Initiationsleiter,

also um Corax, Cryphius (Nymphus)
und Miles, die nicht zur Mithras-Agape
zugelassen waren. Der Raum war vermutlich sehr aufwendig ausgestattet, ein
Mosaikfußboden aus kleinen schwarzen
und weißen Steinen und ein mit Stuck
geschmücktes Gewölbe, von dem heute
wenig erhalten ist, zeugen davon. Die
sieben Wandnischen sind mit Graffiti
übersät, die man kaum entziffern kann,
die sich aber auf die sieben Initiationsstufen beziehen. Man kann sich recht gut
vorstellen, daß in diesen Räumen die
theoretische Einweisung der Gläubigen
stattfand, eine harte und schwierige
Katechese. Die Initiation bestand in der
Vorbereitung auf die Prüfungen, die zur
absoluten Selbstkontrolle führen sollten,

zur Beherrschung der Emotionen und Reaktionen.

Ein Saal (oder *vestibulum*) trägt bis heute die Zeichen seiner Bestimmung. Es handelt sich um einen Vorraum, in dem die Adepten zusammenkamen und sich auf den ringsum in die Wände eingelassenen Bänken niederließen. Den Raum überspannte eine mit geometrischen und floralen Ornamenten geschmückte Decke.

Der Höhepunkt der Kulthandlungen vollzog sich im Triklinium, einer langen, quadratischen, düsteren Grotte mit einem flachen, mit Bimsstein verkleideten Gewölbe. An der Decke befinden sich Stucksterne und elf Öffnungen, vier von ihnen symbolisieren die Jahreszeiten, die anderen die sieben Fixsterne. So wurde also der Kosmos der Mithrasreligion in der Höhle vollkommen widergespiegelt. Es ist auch möglich, daß man hier das Himmelsgestirn darstellen wollte, mit all seinem Symbolgehalt, fast, als sollten die Sterne über den Köpfen der Geladenen kreisen. Porphyrius[2] zufolge entstand der Kosmos spontan und war der Materie wesensgleich, die die Vorahnen rätselhaft als Stein und Fels bezeichneten, weil sie eben bewegungslos und der Form ablehnend erschien, und die sie auch wegen ihres amorphen Wesens für unendlich hielten.

Dies mag die Vorliebe für Höhlen erklären, aber auch das Sinnbild der Geburt des Gottes Mithras, die in diesem Raum in einem kleinen Götterbild dargestellt ist. Es befindet sich in der Fluchtlinie

San Clemente. Blick in das Mittelschiff der unteren Basilika, die Pfeiler tragen das obere Stockwerk. Im Vordergrund die Fußbodenreste der ersten christlichen Basilika.

zum Altar in der Mitte des Allerheiligsten. Der junge Gott ist stehend wiedergegeben, wie er aus dem Felsen entspringt, so wie der Lichtstrahl aus der festen Himmelssphäre. In den alten indo-arischen Hymnen wird berichtet, er sei »aus dem Felsen hervorgesprungen, aus einer Höhle herausgetreten«.

An den Seiten stehen die langen Bänke, auf denen wir uns die Adepten liegend und in das Ritual vertieft vorstellen müssen. Auf beiden Seiten befinden sich halbrunde Nischen, in denen Statuen aufgestellt waren. Ganz vorn ist ein kleiner Raum, der wohl als Abstellkammer diente oder zur Aufbewahrung der Knochen von geopferten Tieren.

Besonders hervorzuheben ist das Dekor des Altars in der Mitte. Auf der Vorderseite ist die Stiertötung dargestellt, ein recht flaches Relief, fast nur eine Ritzzeichnung. Das Thema wird in der bekannten Ikonographie wiedergegeben, wir finden die traditionellen Elemente: Mithras, den Stier, den Hund, den Skorpion, die Schlange …

Natürlich fehlen auch die beiden Gefährten des Mithras nicht: Cautes und Cautopates stehen dem »Unbesiegten« beim Stieropfer bei. Daneben die aufsteigende und die untergehende Sonne. *Mors et vita.* Die Fackelträger bilden zusammen mit Mithras eine Trias und erweitern somit seinen symbolischen Wesensgehalt.

Das Mithräum am Circus Maximus

Nicht weit von der Bocca della Verità entfernt, im Keller der ehemaligen Nudelfabrik Pantanella (heute Lagerraum für die Theaterkostüme der römischen Oper), kann man noch einen Hauch jener antiken Initiationsriten verspüren. Einige Meter unter der Erde liegt nämlich ein Mithräum, das Teil eines weitläufigen öffentlichen Gebäudes aus dem 2. Jahrhundert n. Chr. war. Gegenüber

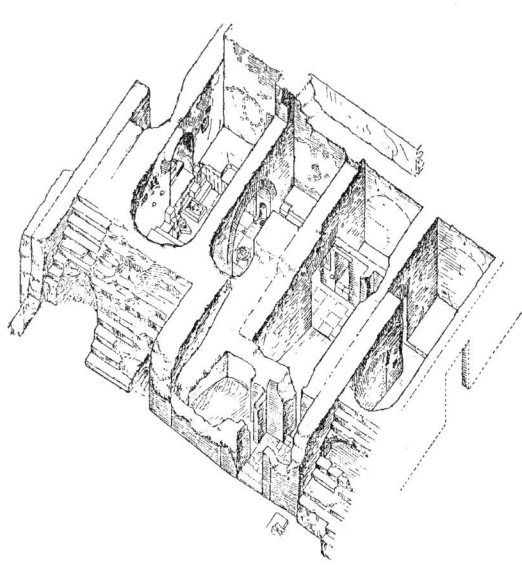

befanden sich die *carceres* des Circus Maximus.[1] In diesem Gebäude aus dem 3. Jahrhundert n. Chr., dessen Funktion nicht bekannt ist, versammelten sich die Anhänger einer uralten indo-iranischen Religion, deren Kultstätte unterirdisch lag. Um dorthin zu gelangen, steigt man eine lange, steile Treppe in die stockfinstere Dunkelheit hinab. Die Treppe wirkt wie eine Art Initiation in diesen antiken Kult.

Zunächst gelangt man in einen kleinen Raum auf der rechten Seite. Seine Lage und eine kleine, mit Marmor verkleidete Nische weisen darauf hin, daß es sich hier wohl um das *apparitorium,* um eine Art Sakristei gehandelt hat. Wir durchqueren das Atrium, und zwei einander gegenüberliegende Ädikulen vermitteln das Gefühl, daß hier etwas fehlt. Wem waren diese Nischen geweiht? Da sie am Eingang des Mithräums liegen, besteht eigentlich kein Zweifel: Hier standen die beiden Statuen der Begleiter des Gottes Mithras, Cautes und Cautopates.

Rom.[24] Die meisten sind verschlossen, einige kann man mit einer Sondergenehmigung besichtigen. Dabei handelt es sich um ein faszinierendes Erbe, das durch die Kahlheit der unterirdischen Räume noch stärker beeindruckt. Es sei nochmals betont, daß der *specus* des Mithras aus kultischen Gründen unterirdisch angelegt wurde. Oft befinden sich die Räume mehrere Meter unter der Erde, bestenfalls über Treppen zugänglich.

Man suchte diese dunklen, unterirdischen Räumlichkeiten aus symbolischen Gründen auf, denn die Religion war etwas Exklusives und Elitäres. Die meisten Räume wurden von Menschenhand gebaut, und man verlieh ihnen mit verschiedenen Kunstgriffen, z. B. mit Hilfe von Bimsstein, das Aussehen einer natürlichen Grotte. Die meisten haben eine quadratische Form – insbesondere der Hauptraum –, an den Seiten befinden sich lange Bänke, auf denen die Gläubigen saßen, um die *agape* zu verzehren. Neben diesem Raum lagen Diensträume (*vestibulum, schola, apparitorium*), die vor allem in späteren Zeiten andere Funktionen übernahmen.

Stellen wir uns also die Gläubigen vor, wie sie abwärts steigen, nur wenige Fackeln flackern in der Dunkelheit, erleuchten hier und da die Kultbilder. Die Atmosphäre war ungeheuer beeindruckend, besonders betont wurden die wichtigen Darstellungen, die Stiertötung, das löwenköpfige Ungeheuer, die Statuen der Fackelträger. Wir hören die Gesänge und Hymnen, jemand hat eine Rabenmaske

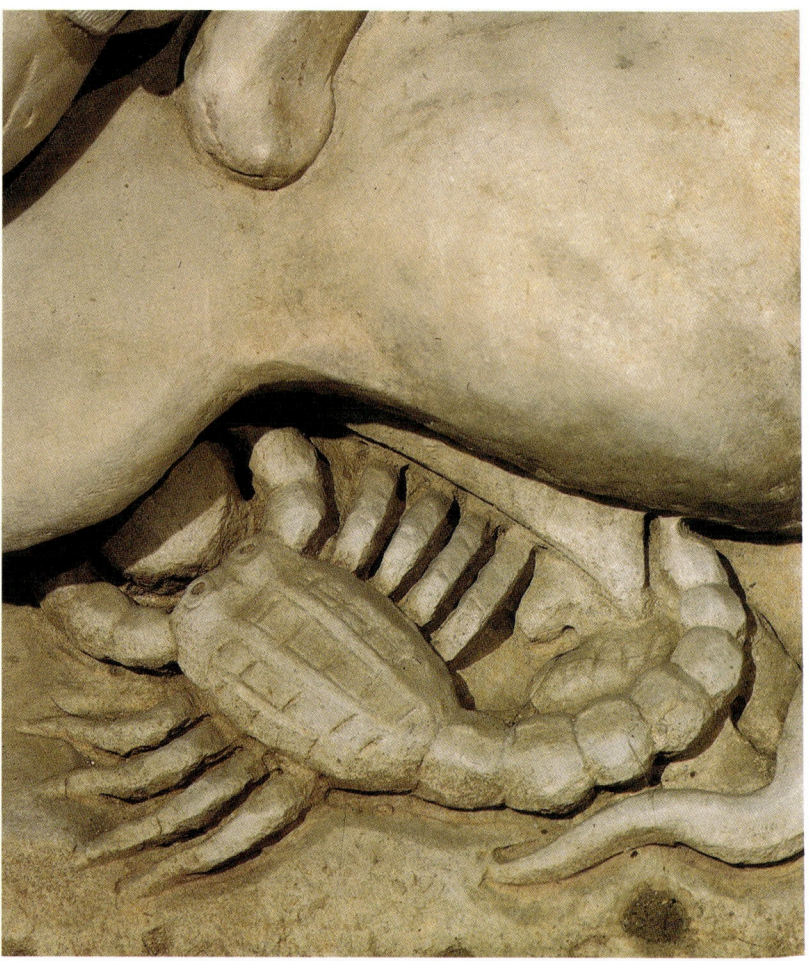

übergestreift und wirbelt herum, krächzt wie ein Rabe, vermutlich vom Haoma berauscht.[25] Da schüttelt der *pater* das *tintinnabulum* (Klapperblech), enthüllt dabei das Kultbild des stiertötenden Gottes. Schließlich gehen die Lichter aus, und der Duft des Weihrauchs wird vom beißenden Geruch des Blutes überlagert. Ein Stier wurde geopfert, zur kosmischen und persönlichen Errettung. Sein Lebenssaft ergießt sich durch die Gitterroste und überströmt den Adepten, ein warmes Taufbad, die Initiation durch die Bluttaufe.

Mithräum am Circus Maximus. Ausschnitt aus dem Marmorrelief mit der Stiertötung. Im Vordergrund der Skorpion, das Symbol der bösen Mächte.

zugleich, geflügelt und löwenköpfig, der Körper ist von einer Schlange umwunden. Die Flügel versinnbildlichen die Geschwindigkeit der Zeit, der Löwenkopf mit dem aufgerissenen Maul ihre Gefräßigkeit. Die Windungen der Schlange hingegen sollen die zyklischen Stern- und Himmelsbewegungen symbolisieren, die den Zeitfluß bedingen. »Die Sonnenbewegung, die doch niemals aus der Ekliptik ausbricht, sich dennoch durch die von den wechselnden Windrichtungen bedingten Abweichungen nach oben und unten verschiebt, folgt einem Weg, der den Windungen einer Schlange ähnlich ist.«[21] Auf der Schlange oder neben ihr sind die Sternbilder und oftmals auch die Zeichen der Jahreszeiten zu erkennen. Das Ungeheuer trägt auch ein Zepter und einen Blitz, denn es ist der höchste Gott.[22] Oft hält es einen oder zwei Schlüssel in der Hand, die sich auf die Sonne beziehen, denn sie öffnet auf ihrem täglichen Weg die Himmelstüren im Osten bei Sonnenaufgang und schließt sie im Westen bei Sonnenuntergang. Es ist also die Zeit, die alles hervorbringt und zerstört, sie ist Herr und Führer der vier den Kosmos bildenden Elemente, sie vereint die Gewalt aller Götter in sich, die sie allein geschaffen hat.

Der dreifache Mithras

Neben dieser schreckenerregenden Gestalt des löwenköpfigen Chronos finden sich in den Heiligtümern auch die Statuen oder Reliefs von zwei jungen Männern mit Umhang und phrygischer Mütze, die dem iranischen Gott sehr ähnlich sind. Die beiden sind als Cautes und Cautopates bekannt oder auch als Fackelträger[23] und treten oft neben Mithras auf, stehen ihm bei der Stiertötung zur Seite. Die Fackel des einen weist nach oben, die des anderen nach unten. Mit Mithras bilden sie eine Triade, den dreifachen Mithras.

Die Triade symbolisiert die epiphanische Menschwerdung des Gottes, und die Art ihrer Darstellung spielt auf den Sonnenzyklus an: Sonnenaufgang (Cautes – die nach oben weisende Fackel), Zenit (Mithras) und Sonnenuntergang (Cautopates – die nach unten weisende Fackel). Sie verkörpern auch die beiden Extreme des Seins: die Wärme des Lebens und die eisige Kälte des Todes.

All diese Dinge sind wichtig, wenn wir in die Mithräen hinabsteigen, denn nur so können wir das eigenartige religiöse Phänomen des Mithraskultes und die zahllosen Zeichen und Bilder verstehen, die diese Heiligtümer schmücken. Wer in die unterirdischen Heiligtümer eindringt, unternimmt eine Reise durch die Zeit, eine unvergeßliche Erfahrung, vor allem, wenn historische und wissenschaftliche Informationen uns helfen, die heute oft verwitterten Darstellungen eines Kultes zu interpretieren, dessen Initiationsrituale erstaunliche Ähnlichkeiten mit den Liturgien einiger esoterischer Sekten unserer Tage aufweisen.

Nur sehr wenige Mithräen haben sich bis heute erhalten. Viele davon finden wir in

Mithraskults zum Ausdruck. Hauptfigur war ein junger Gott mit goldenem Haar, das eine phrygische Mütze nur mit Mühe bändigen konnte. Nur mit einem wehenden Mantel bekleidet, stößt er ein langes Messer in die Kehle eines sehnigen, sich aufbäumenden Stiers. Ein Hund und eine Schlange lecken das ausströmende Blut, ein Skorpion wendet sich dem Hodensack des Tiers zu, versucht, dessen fruchtbaren Samen aufzufangen. Dies ist der Höhepunkt der Sage, die Tötung des Stiers. Für die Jünger der Mithrasmysterien bedeutete der Sieg über den wilden Stier den Triumph der Ordnung über die Barbarei und die unaufhaltsame Evolution und Zivilisierung des Menschen. Nicht alle waren in der Lage, die tiefere Bedeutung dieses komplizierten Gedankengebäudes über Kosmos und Astrologie zu erfassen. Nur eine kleine Elite der hohen Initiationsstufen konnte die theologischen Zusammenhänge durchschauen, die Mithras die Funktion des Weltschöpfers zuwiesen. Er hatte den Urstier getötet und so das Universum geschaffen. Aus dieser Tat waren die Planeten entsprungen, die mit ihren Himmelskreisen die Zeit ins Leben riefen.

Die Rolle der Zeit

Die Vorstellung von der Zeit als grenzenlose Daseinsgröße (Zurvan Akarana) war bereits in den mazdaischen Theorien vorhanden. Im Mithraskult spielte sie eine wichtige Rolle. Der astrologische Glaube

hielt den Lauf des Universums für zwingend, abhängig von der Bewegung der Planeten und der Sternzeichen. Die Zeit, die sich aus dem determinierenden Einfluß der Planeten ergab, war eine unumgängliche Komponente, sie war, wie auch in anderen zeitgenössischen fatalistischen Philosophien (wie etwa in der Stoa), der tragische Aspekt des Mithrasglaubens. In vielen Mithräen fand man die Statue eines löwenköpfigen Ungeheuers (Zurvan, Chronos, Saturn), dessen Bild die Eigenschaften der Zeit symbolhaft zusammenfaßt, ihre verschlingende Macht und die Schnelligkeit des Vergehens. Es ist ein häßliches Bild, menschlich und raubtierhaft

Mithräum am Circus Maximus. Ausschnitte aus dem Marmorrelief. Links: Die Sonne mit der Strahlenkrone. Dieser Planet spielt in der Mithrasreligion eine besonders wichtige Rolle. Die Sonne ist auch Sinnbild für die Geschehnisse der Sage.
Oben: Der Hund und die Schlange sind ebenfalls Begleiter des Mithras. Der Hund versinnbildlicht wohlwollende Mächte, die Schlange hingegen gehört, wie der Skorpion, zu den Tieren, die Ahiram (der Gott des Bösen) entsandt hat, um das wohltätige Wirken der Stiertötung zu verhindern.

ser in den Initiationszeremonien mit gewissen Formeln, die ihr kennt oder die ihr lernen könnt.[18] Diese Formeln sind uns leider nicht bekannt, wenngleich behauptet wird, daß sie in einem Papyrus in der Bibliothèque Nationale in Paris niedergeschrieben sind.[19]

Das Bankett als wichtigste Ritualhandlung in der Mithrasliturgie entsprach dem Schlußakt des Stieropfers[20], indem man Brot und Wein als aus dem Blut und dem Knochenmark des Stiers hervorgegangen verspeiste. Es handelt sich demnach um eine Art theologische Sublimierung eines uralten ländlichen Opfers, bei dem jedes

Jahr ein Stier dargebracht wurde, um das Wachstum der Pflanzen und des Getreides zu sichern. Zu dieser Vorstellung von Fruchtbarkeit und Zeugung war eine neue eschatologische Konzeption von Anfang und Ende der Welt hinzugekommen.

Die Tötung des Stiers

Ein Kultbild, als Relief oder auch gemalt, war der Mittelpunkt eines jeden Mithrasheiligtums. Dies war ein besonders aussagekräftiges Bild, in ihm kam das gesamte religiöse und symbolische Weltbild des

Das Mithräum Barberini. Ausschnitt aus einer der Szenen (erste rechts unten), die das Hauptbild mit der Stiertötung rahmen. Der stehende, mit einem roten Umhang bekleidete Mithras reicht einer knienden Gestalt ein Stück Fleisch. Es handelt sich um eine Belehnung oder vielleicht auch um den Vasallenvertrag zwischen Mithras und der Sonne.

Die Seele mußte auf ihrer Reise zum höchsten Himmel diese sieben Himmelssphären (die sieben Planeten) durchqueren und sich dabei von den natürlichen, aus dem astralen Einfluß des durchquerten Planeten hergeleiteten Tendenzen befreien, eben den Tendenzen, die sie während der Reise auf die Erde angenommen hatte. Bei der Durchquerung des Mondes sollte sie die nährende Lebensenergie ablegen, bei Merkur die Begierde, bei Venus die erotischen Neigungen, bei der Sonne den Intellekt, bei Mars den Kampfgeist, bei Jupiter die Ambitionen und zuletzt bei Saturn die Trägheit. Es sollte eine durch die schrittweise Aufgabe aller Leidenschaften läuternde Reise sein, die der Jünger in Anlehnung an die einzelnen Stufen der Initiation durchläuft.[16] Über die Prüfungen, die die Anwärter zu bestehen hatten, um die höheren Stufen der Weihe zu erreichen, ist fast nichts bekannt. Es gibt nur wenige Andeutungen: Der Neugetaufte mußte z. B. mit verbundenen Augen und mit durch Hühnerdarm gefesselten Händen über einen Graben springen oder vorgetäuschten Morden beiwohnen. Es handelte sich um Prüfungen, die eine Beherrschung der Gefühle und Reaktionen unter Beweis stellen sollten, eine Beherrschung, die zu einer der stoischen Seelenruhe ähnlichen Selbstkontrolle führen sollte.

Während der Zeremonie trugen die Jünger Tiermasken, die ihrem Initiationsgrad entsprachen. Wenn sie zum Beispiel den Grad eines Löwen erreicht hatten, benahmen sie sich wie ein Löwe. Dieses seltsame Verhalten der Maskenträger entstand aus einer Art Identifikation mit der tierischen Theophanie. Das Hauptritual der Mithrasreligion war ja schließlich ein Tieropfer, das zu einem Akt der kosmischen und universellen Rettung erhoben wurde.

Die Riten

Die Aufnahmezeremonie eines Mysten war sehr würdevoll und feierlich. In der absoluten Finsternis der Mithräen, die nur von wenigen Fackeln oder Kerzen beleuchtet waren, feierten die Initiierten ihre Feste zu Ehren des Gottes. An ihn richteten sie feierliche Gesänge und Hymnen in einem Zustand des Rausches, der Exaltation, des schamanenhaften Außersichseins, zu dem auch ein berauschendes Getränk beitrug, der Haoma.[17] Von den Adepten verlangte man reinigende Waschungen, die denen einer christlichen Taufe ähnlich waren. Wie sie im einzelnen aussahen, wissen wir nicht, doch waren sie sicherlich nach den verschiedenen Stufen der Initiation gestaffelt. Es war auch ein Bankett vorgesehen, die *agape,* bei der Brot und Wein verzehrt wurden. Die deutlichen Analogien zum eucharistischen Ritus hielten die Christen für besorgniserregend, und sie warnten vor diesen dämonischen Nachahmern: Zur Imitation haben die heimtückischen Dämonen vorgeschrieben, das gleiche [die Eucharistie] in den Mithrasmysterien zu tun: Denn es wird Brot aufgetragen und ein Kelch Was-

wohl entging, war die Grundlage der mithräischen Gedankenwelt, die tiefen astrologischen, chaldäisch-babylonischen Überzeugungen entsprang. Der Mithrasglaube war eine synkretistische Religion, die nur auf verschiedenen Erkenntnisebenen erfahren werden konnte. Man begann in einem Stadium reiner Anbetung, von dem aus man über verschiedene Stufen zu einer komplizierten Form astrologischer Exegese gelangte, die einer kleinen Gruppe auserwählter Adepten mit hohem Initiationsgrad vorbehalten war.

Die astrologische Bedeutung

Von Porphyrius erfahren wir außerdem, daß dem Kosmos der Mithrasverehrung auch eine symbolisch-astrologische Gliederung innewohnte.[10] Diese Aufteilung entsprach verschiedenen Etappen, eben denen, die die Seele auf ihrer Reise durch das Jenseits durchwandern mußte. Celsus behauptete, in den Mithrasmysterien würden die symbolischen Zusammenhänge zwischen den beiden Himmelsumdrehungen erklärt, der der Fixsterne und der der Planeten, sowie »die Wanderung der Seele durch diese Kreise hindurch«[11]. Die Vorstellung, daß die Seele durch den Kosmos reist, gab es in vielen Religionen platonischer Prägung. Im Mithraskult spielte diese Vorstellung jedoch eine besonders bedeutende Rolle, denn sie bestimmte die Zuwendung des Gläubigen (myste) zur inneren Askese der Errettung. Dieser

Weg wurde in verschiedenen Etappen zurückgelegt, einer siebenstufigen Initiation[12]: die erste Stufe war der Rabe (corax), die zweite das Verborgene (cryphius oder nymphus, eine männliche Nymphe[13]), die dritte der Soldat (miles[14]), die vierte der Löwe (leo), die fünfte der Perser (perses), die sechste der Sonnenbote (heliodromus) und die siebte der Vater (pater). So vollzog sich eine individuelle Läuterung im Sinne einer Läuterung der Seele. Zu diesen sieben Stufen gehörten sieben Tore, sieben Himmelssphären, die sieben Tage einer Woche und sieben Metalle. Im ersten Tor war der Mond (Silber), im zweiten Merkur (Eisen), im dritten Venus (Zinn), im vierten die Sonne (Gold), im fünften Mars (Elektron), im sechsten Jupiter (Bronze) und im siebten Saturn (Blei). Mit diesen Planeten waren in einer sehr komplizierten, vielschichtigen Reihe sakraler Entsprechungen die Sternbilder[15] verbunden.

hatten, sie stellten nur den Widerspruch zwischen der Sonnennatur des Gottes und der unterirdischen, dunklen Kultstätte heraus. Mithras, *invictus de petra natus*, war am Tag der *natalis solis* (am 25. Dezember) geboren. Eben am Geburtstag der Sonne, mit der er dann ein Bündnis geschlossen, deren Strahlenkranz und deren hervorragendste und nützlichste Tugenden er übernommen hatte, wo-

durch er in jeder Hinsicht ein Sonnengott geworden war. Warum aber lag seine Kultstätte in der bedrückenden, trüben Dunkelheit unterirdischer Höhlen?

Dies ist nur scheinbar ein Widerspruch. Wie Porphyrius klar darlegte, spielte die Mithrasgrotte aufgrund ihres eindeutig symbolischen Bezugs auf den Kosmos und seine Planetenkonstellation an. Diese Symbolik, die den christlichen Spöttern

Das Mithräum unter San Clemente, die sogenannte »Mithrasschule«. Ein Versammlungsraum, in dem vermutlich die Anhänger vor ihrer Zulassung zu den allerheiligsten Riten im Triklinium unterrichtet wurden. In den Wänden befinden sich sieben Nischen mit heute kaum noch erkennbaren Graffiti, die die sieben Initiationsstufen versinnbildlichten.

Das Mithräum unter den Caracalla-Thermen

Ein Labyrinth aus Gängen und Sälen kennzeichnet den unterirdischen Bereich der Anlage der Caracalla-Thermen – ein wahres Netz aus Tunneln, Krypten und Gängen für den Transport von Brennmaterial, schmutziger Wäsche und für all die notwendigen Dienstleistungen in den Thermen. Diese Unterwelt, in der sich Sklaven und Dienstboten abmühten, nahm schließlich im 3. Jahrhundert n. Chr. den Mysterienkult des Gottes Mithras auf.

Es handelt sich um eine Reihe von Räumen unter der großen Exedra im Nordwesten, deren ursprüngliche Anordnung als Kultstätte mit einer Vorhalle, den Latrinen und den Umkleideräumen noch heute recht faszinierend wirkt.

Man betritt die unterirdischen Räume durch ein Seitentor. Im ersten Saal findet sich nichts von besonderem Interesse, außer einem kleinen halbrunden Becken mit einer Halbkuppel, dessen Bestimmung nicht ganz klar ist. Dieser Raum führt weiter in einen Saal, möglicherweise eine Vorhalle, deren Decke eingestürzt ist.

Über eine Marmorschwelle gelangt man in einen großen Saal mit vier Kreuzgewölben. Im Hintergrund sieht man eine große Öffnung in der Wand, durch die Licht einfällt. Es ist ein tiefes, weites Al-

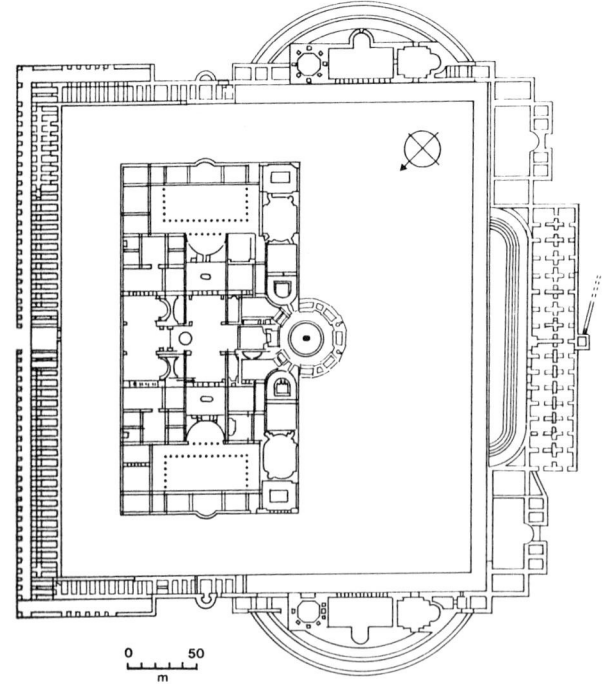

0 50
m

Fresko in der Nische an der rechten Wand des Trikliniums.

lerheiligstes, wohl das größte der Stadt, sorgfältig angelegt hinter den düster aufragenden Pfeilern. Wie üblich kennzeichnen die seitlichen langen Bankreihen[1], die sich zur Wand hin leicht verjüngen, die Trikliniumsfunktion des Heiligtums. Eine lange Vertiefung diente zum Abstellen von Öllampen, kleinen Fackeln und all den Gegenständen, die für das Ritual der Adepten erforderlich waren. Sie verläuft über die gesamte Bank, die jedoch nicht, wie sonst, direkt an die Wand gebaut ist, sondern einen

Durchgang freiläßt, so daß zwei »Seitenschiffe« entstehen.[2] In diese Bankreihe sind vier winzige Nischen eingelassen, die vermutlich ähnliche Funktionen hatten wie die von San Clemente. An der Nordostseite, fast in der Ecke, findet sich eine rechteckige Nische mit Fresken, die stark verblichen sind. Man kann allerdings noch die Darstellung einer männlichen Gestalt mit phrygischer Mütze erkennen, Mithras also, oder einer seiner Gefährten, Cautes oder Cautopates.

Ein Mosaikteppich bedeckt den Boden des Inenraumes mit geometrischen Schwarzweißmustern. In den Boden eingelassen ist ein irdenes, mit einem Marmordeckel verschlossenes Gefäß, in dem vermutlich die reinigenden Waschungen vorgenommen wurden, die zum Mithraskult gehörten. Eine Läuterung, die die christliche Patristik und insbesondere Tertullian als frevelhafte Nachahmung der Taufe verdammten. Tertullian geißelte diese Praxis unverblümt. In dem Mosaik befindet sich noch eine weitere Öffnung, die wohl eine besondere Einrichtung in diesem Mithräum war. Es handelt sich um ein weites, tiefes Loch, das mit einem unterirdischen Gang verbunden ist, der wiederum in die Nebensäle führt. Diese dienten als *apparitorium* (Umkleideraum). Es könnte sich um eine der zahlreichen Vorrichtungen für den Transport des Opfertiers handeln oder auch um einen Raum für die Initiationsprüfungen, eine Art Vorbühne. Selbstver-

ständlich denkt man bei dem Zugang zu den Diensträumen und der direkten unterirdischen Verbindung mit der Öffnung im Hauptsaal auch an den abstoßenden Ritus der Bluttaufe. Die Waschungen mit dem Blut des getöteten Stiers sind wohl nicht nur für diesen orientalischen Kult kennzeichnend.

Vermutlich unterzogen sich die Adepten des iranischen Gottes, ebenso wie die Jünger der Magna Mater, einer solchen blutigen Taufe. Sie begaben sich in eine Grube, die man als *fossa sanguinis*

bezeichnet, und warteten darauf, daß das warme Blut des Stiers herabregnete und ihre Makel abwusch.

Bevor das Ritual jedoch diesen Höhepunkt erreichte, mußten verschiedene andere Kulthandlungen vollzogen werden, sogenannte *apparitoria,* während derer die Adepten sich an- oder auszogen und heilige Gegenstände umhertrugen. Der Raum mit der niedrigen Bank am Ende des Saales, die von vier kleinen Bögen getragen wird, war vermutlich solchen Riten vorbehalten,

denn er war ja ebenfalls durch den bereits erwähnten unterirdischen Gang mit dem großen Saal verbunden.

Zwei kleine quadratische Räume befinden sich neben dem Gang. Sicherlich handelt es sich um Latrinen, denn der eine ist direkt an das Abwassersystem angeschlossen, und in dem anderen gibt es eine kleine Falltür, unter die Abfälle geschüttet wurden.

Hier ist also ein vollständiges Mithräum erhalten. Sicherlich waren die Säle für die Kulthandlungen reich ausgestattet, denn dieses Heiligtum sollte durch seinen Schmuck beeindrucken. Dies bezeugt auch eine kopflose Venusstatue, die man unter den zahlreichen Skulpturenfragmenten in der *spelunca magna* entdeckte. Was mag die Gestalt Venus in dieser Umgebung bedeuten?

In einigen Inschriften zum Mithraskult wird die Venus genetrix erwähnt. In manchen Reliefs wird die Göttin der Schönheit und der Liebe nach dem Vorbild einer Statue des Bildhauers Paxiteles dargestellt, mit einer Hand wringt sie ihr nasses langes Haar und betrachtet sich dabei im Spiegel. Es ist schwierig festzustellen, wo diese Skulptur gestanden hat. Man vermutet, daß es sich um eine von mehreren Statuen handelte, die die Apsis im Hintergrund schmückten, von wo heute durch eine damals wohl nicht vorhandene Öffnung Licht in den Raum fällt. In der Antike gehörten Dunkelheit und schwere, feuchte Luft zur Atmosphäre, die den Gläubigen empfing, wenn er ein Mithräum betrat.

Der Saal, der als Umkleideraum diente. Manche Wissenschaftler sind der Meinung, daß es sich hier um einen Stall handelte. In diesem Fall könnte die Konstruktion an der Rückwand eine Futterkrippe gewesen sein.

DER TOD

Die Manen und der Totenkult

Die Manen waren die Schatten der Toten, übernatürliche Wesen, die man verfluchen oder um Fürbitte anrufen konnte und die, nach römischer Vorstellung, in den Häusern ihrer Angehörigen wie Gespenster herumliefen. Sie konnten ihre Nachkommen unterstützen, wenn sie entsprechend günstig gestimmt wurden. Wer sie vernachlässigte, hatte mit boshaften und mißgünstigen Heimsuchungen zu rechnen. Die Manen nahmen das düstere Aussehen der *lemures* oder der *larvae*[1] an und konnten den Schlaf und die Ruhe der Lebenden nachhaltig stören.

Um solchen Ängsten und Schrecken vorzubeugen, wandten die Römer besondere Formeln und Riten an, deren genauen Inhalt uns Ovid überliefert:

»Wenn die Mitternacht gekommen ist und Ruhe für den Schlaf bringt […], dann erhebt sich der Römer, in Erinnerung an den alten Ritus und in Ehrfurcht vor den Göttern. Die Füße tragen keine Schuhe, und er macht ein Zeichen dadurch, daß er seine Daumen mitten durch die anderen Finger [der Faust] hindurchsteckt, damit sich ihm in seinem Schweigen kein leichter Schatten in den Weg stellt. Darauf wäscht er sich mit Quellwasser die Hände [rein] und dreht sich um. Vorher nimmt er schwarze Bohnen und wirft sie mit abgewandtem Gesicht rückwärts. Aber während er sie wirft, spricht er: ›Diese opfere ich [den Toten]. Ich kaufe mich und die Meinen mit diesen Bohnen frei.‹ Dies spricht er neunmal und schaut sich dabei nicht um. Man glaubt, der Schatten lese die Bohnen auf und nähere sich ungesehen vom Rücken her. Wieder berührt er Wasser, rasselt mit Bronze von Temesa und fordert den Schatten auf, aus seinem Haus zu gehen. Dabei ruft er neunmal: ›Seelen der Väter, gehet fort!‹«[2]

Vorhergehende Seiten: Das Grab der Pancratii und einer der Stuck-Tondi an den Gräbern an der Via Latina.

Oben: Eine der vier Frauengestalten im Gewölbe der Grabkammer der Cestius-Pyramide (Stich, 18. Jahrhundert).

Mitte: Detail aus der Stuckdecke im Grab der Pancratier.

Gegenüberliegende Seite: Im 7. Columbarium an der Via Ostiense.

Ein ausgefeilter Ritus, um die einsamen und hungrigen Geister zu besänftigen und der Angst vor der ständigen Gegenwart der Lemuren oder der unheilvollen und gefährlichen *larvae*, der Totengeister, entgegenzuwirken. All diese Riten wurden mit großer Demut und höchster Aufmerksamkeit ausgeführt: Waschungen mit reinem Quellwasser, die Verwendung von schwarzen Bohnen, Bronzegegenstände zum Klingen bringen.

Die Manen werden mit uralten Formeln in zahllosen Inschriften angerufen: *D(is) M(anibus)* oder *D(is) M(anibus) S(acrum)*[3], darauf folgte der eigene Name oder der der Verstorbenen im Nominativ, Genitiv oder Dativ.

Der Kult, mit dem die Römer ihre Toten ehrten, hatte seine Wurzeln in der Achtung, die man den Verstorbenen entgegenbrachte, war teilweise aber auch auf den bereits erwähnten Aberglauben zurückzuführen. Es gab zahlreiche Gelegenheiten zur öffentlichen oder privaten

Ausübung des Totenkults, etwa den *dies natalis,* der Geburtstag des Verstorbenen. Darüber hinaus beging man die offizielle Gedächtnisfeier für die Toten an den *parentalia*[4] oder *dies parentales,* die vom 13. zum 21. Februar dauerten, wobei am letzten Tag, *feralia* genannt, öffentliche Feierlichkeiten stattfanden, während an den Tagen davor die Familien private Zeremonien abhielten. Ob es sich nun um *feralia, lemuria* oder *parentalia* handelte, zu jeder Gelegenheit erwies man der sterblichen Hülle im Grab ehrfürchtige Achtung, sorgte für Ermunterung und Stärkung. Dies konnten einfache Speisen wie Brot und Trauben sein, aber auch Süßigkeiten, Würste oder wahre Gastmähler (*epulae*), an denen die Toten und die Lebenden teilnahmen. Selbstverständlich fehlten auch Weihrauch und Obst nicht, Blumen aller Art, vor allem Veilchen und Rosen, die man als Symbol für den ewigen Frühling nach dem Tod ansah. »Verstreu auf meiner Asche Wein und duftendes Lavendelöl: / Oh Gast, der du den roten Rosen Balsam hinzufügst. / Meine unbetrauerte Urne genießt den ewigen Frühling. / Ich bin nicht tot, ich lebe nur in einer anderen Welt.«[5]

Die Bestattungsriten

Ein Begräbnis (*funus*) und auch die Vorbereitungen darauf waren ein sehr kompliziertes Ritual. Natürlich unterschied es sich je nach gesellschaftlicher Stellung des Verstorbenen. Je reicher dieser gewesen war oder je höher seine öffentlichen oder militärischen Ämter waren, um so feierlicher und aufwendiger war das Begräbnis (*funus publicum, funus militare* oder *funus imperatorium*).

Gegenüberliegende Seite: Ein Columbarium an der Vigna Codini. Deutlich zu erkennen ist die planvolle Aufreihung der Nischen an der linken Wand, in die die Urnen der Verstorbenen gestellt wurden. Das Wort Columbarium *ist von* columba (Taube) *abgeleitet, da die Wände mit den übereinandergesetzten Nischen einem Taubenhaus ähneln.*

Oben: Gräber an der Via Latina, das Grab der Pancratier. Detail der Stuckdecke mit mythologischen Szenen. Hier ist eine Episode aus dem Paris-Mythos wiedergegeben. In der Mitte steht Merkur, der Paris auffordert, die schönste der drei Göttinnen auszuwählen.

Es war Aufgabe des *pater familias* oder seines Nachfolgers, wenn dieser selbst gestorben war, die Bestattung zu organisieren. Zunächst küßte man den Verstorbenen, denn man glaubte, daß die Seele aus dem Mund entweicht, dann sprach man dreimal hintereinander mit lauter Stimme den Namen aus, als eine Art letzten Gruß *(conclamatio).* Danach kamen Fachleute *(libitinarii),* wuschen den Leichnam und parfümierten ihn mit Salben und anderen Tinkturen. Er wurde bekleidet und im Atrium mit den Füßen zum Ausgang hin aufgebahrt. Dort blieb er mehrere Tage, weshalb im Raum stark duftende Essenzen (Weihrauch, Parfüm und Blumen) verteilt wurden, um den Verwesungsgeruch zu überdecken. Häufig versuchte man auch, diesen unangenehmen Prozeß durch eine Art Einbalsamierung zu verzögern. In den Mund des Verstorbenen legte man eine Münze, den *obulus Carontis,* die Gebühr für die Überfahrt in den Hades.

War der Verstorbene männlichen Geschlechts, erwachsen und adlig, wurde ein

Oben: Die sogenannte Portland-Vase (1. Jahrhundert n. Chr., Stich aus dem 18. Jahrhundert). Überfangglas, dunkelblau und weiß, heute im British Museum, London. Lange Zeit hielt man sie für ein Stück aus der Grabausstattung aus dem Monte del grano.

Rechts: Sarkophagdeckel vom Monte del grano.

Gegenüberliegende Seite: Die große runde Grabkammer im Tumulus Monte del grano.

Porträt in Form eines Wachsabdrucks *(imago)* hergestellt, das die Gesichtszüge festhielt. Die Anfertigung einer Totenmaske war jedoch rechtlich strengstens geregelt *(ius imaginum)*. »Das Bild ist eine Maske, die mit erstaunlicher Treue die Bildung des Gesichts [des Verstorbenen] und seine Züge wiedergibt. Diese Schreine öffnen sie bei den großen Festen und schmücken die Bilder, so schön sie können, und wenn ein angesehenes Glied der Familie stirbt, führen sie sie im Trauerzug mit und setzen sie Personen auf, die an Größe und Gestalt den Verstorbenen möglichst ähnlich sind. Diese tragen dann, wenn der Betreffende Konsul oder Praetor gewesen ist, Kleider mit einem Purpursaum, wenn Censor, ganz aus Purpur, wenn er aber einen Triumph feiern und dementsprechend Taten getan hat, goldgestickte. Sie fahren auf Wagen, denen Rutenbündel und Beile und die anderen Insignien des Amtes, je nach der Würde und dem Rang, den ein jeder in seinem Leben bekleidet hat, vorangetragen werden, und wenn sie zu den rostra gekommen sind, nehmen alle in einer Reihe auf elfenbeinernen Stühlen Platz. Man kann sich nicht leicht ein großartigeres Schauspiel denken für einen Jüngling, der nach Ruhm verlangt und für alles Große begeistert ist. Denn die Bilder der wegen ihrer Taten hochgepriesenen Männer dort alle versammelt zu sehen, als wären sie noch am Leben und beseelt, wem sollte das nicht einen tiefen Eindruck machen? Was könnte es für einen schöneren Anblick geben?«[6]

Oft war also der *funus* ein prachtvoller Aufzug mit emotional stark aufgeladener Atmosphäre. Den Leichenzug führte der Tote auf einer Bahre *(sandapila)* an. Es folgten die schwarz gekleideten engsten Verwandten und eine Gruppe bezahlter Frauen *(praeficae),* die die Klagen und den Schmerz der gesamten Familie publikumswirksam inszenierten. Manchmal hielten sie sich kleine Schalen unter die Augen, die die Tränen auffangen und so die Authentizität der schauspielerischen Leistung bezeugen sollten. Außerdem begleiteten Musiker, Mimen und Tänzer die Zeremonie. Wenn es sich um eine sehr bekannte Persönlichkeit handelte, ging der Zug bis zum Forum, wo die Veranstaltung mit langen Lobreden auf den Verstorbenen abgeschlossen wurde.

Die Gräber

Die Bedeutung des Totenkults und der aufwendigen Bestattung ist auch eine Erklärung für die Form der Gräber und ihre Ausstattung.[7] Von den ältesten Formen der Verbrennung bis zur Körperbestattung, vom rohen Felsblock bis zu den monumentalen Mausoleen bezeugen alle römischen Gräber die Verbundenheit mit dem Diesseits und die brennende Sehnsucht, den Tod durch die Erinnerung der Lebenden zu überwinden. Man glaubte, der Tote stünde in engem Zwiegespräch mit den Lebenden, in einer andauernden Beziehung zu den Familienmitgliedern und seiner *gens.* Dieser Ge-

danke wird durch die Formel »non omnis morior« (»ich werde nicht vollständig sterben«) sehr gut ausgedrückt. Dieser ideelle Kontakt, der Dialog zwischen Lebenden und Toten, kommt auch in der Anlage der Nekropolen zum Ausdruck. Man möchte dem Blick der Menschen ausgesetzt sein, deshalb lagen die Gräberfelder an den Hauptverkehrsstraßen und nicht an irgendeinem abgelegenen Ort. Auch waren die Verstorbenen fast real anwesend durch die Statuen und die genauen Beschreibungen ihres Lebenslaufs in den Epitaphen. Dies ging so weit, daß der Verstorbene den Vorübergehenden in seiner Grabinschrift direkt ansprach.

Die Entscheidung, ein monumentales Grabmal zu errichten, hing in erster Linie von den finanziellen Möglichkeiten des Auftraggebers sowie von seiner sozialen und politischen Stellung ab. Form und Dekor des Grabes waren Ausdruck seiner Überzeugungen und Ideale. In diesem Kapitel sollen nur einige besonders interessante Beispiele für Grab- und Gedenkstätten, von den Hügelgräbern und pyramidenförmigen Monumenten bis zu den einfachen Ädikulen vorgestellt werden.

Links: Gräber an der Via Latina, Grabmal der Valerier. Einer der Tondi aus weißem Stuck an der Decke der Grabkammer.

Folgende Doppelseite: Drei Porträtbüsten aus dem Columbarium in der Vigna Codini.

Die Gräber an der Via Latina

Die Straße im Südosten der Stadt Rom ist bis heute der Bebauung mit modernen Wohnblöcken entgangen und bewahrt noch einen Eindruck der römischen Campagna[1], den ursprünglichen Charme Arkadiens.

Zwischen den Spalieren aus immergrünen Pflanzen und Gräbern können wir hier, am 4. Meilenstein der Via Latina, die Freude der Spaziergänger des 19. Jahrhunderts am Erforschen der Vergangenheit nachempfinden. Die Straße mit den großen Pflastersteinen führt uns in die Einsamkeit der Landschaft, fernab von Lärm und Verkehr, zeigt uns stolz die Grabmäler aus ihrer langen Geschichte. Das erste Bauwerk, das unsere Aufmerksamkeit erregt, ist das Grabmal der Barberini, elegant und würdevoll, ein mehrstöckiger Bau aus solidem Ziegelstein. Es handelt sich um ein Beispiel für den unter den Antoninen[2] besonders beliebten nüchternen und würdevollen Tempeltypus. Die zweifarbigen Ziegel bestimmen die architektonische und ästhetische Gliederung. Das Gewölbe des oberen Stockwerks, das man über eine innere Treppe erreicht, war sicherlich mit reichem Ornament aus Fresken und farbigem Stuck geschmückt. Infolge der wieder-

holten Verwendung des Bauwerks für landwirtschaftliche Zwecke und auch als Wohnstätte der Hirten ist dieses heute vollkommen schwarz.

Wir gelangen zum Grab der Valerier[3], das außen in so gutem Zustand ist, daß man meinen könnte, es handle sich um ein antikes Bauwerk, doch verdankt es sein heutiges Aussehen der ungezügelten Phantasie der Restaurateure des 19. Jahrhunderts. Durch ein Atrium gelangt man in die unterirdischen Räume, die die Enttäuschung über die Restaurierung sofort wieder wett machen. Im Eingang öffnet sich eine mystische weiße Stuckwelt. Man taucht ein in dieses fahle, beunruhigende Reich, läßt sich von der schwindelerregenden Reihung der Bilder mitreißen, sieht zunächst nur das überwältigende Gesamtbild. Doch dann nehmen die gedrängten Szenen langsam Einzelformen und eine individuelle Bedeutung an. Aus den farblosen Tritonen, Nereiden, Greifen und Seeungeheuern entsteht eine Atmosphäre von transparenter Leichtigkeit, eine phantasmagorische Meereswelt. Dazwischen befinden sich Putten und tanzende Bacchantinnen in einem geometrischen Gewebe aus Kreisen und Quadraten, die den endlos scheinenden Rhythmus bestimmen. Der Besucher versucht, Zusammenhänge, den roten Faden in diesem Wirrwar von Symbolen zu entdecken, aber schließlich ist es doch eine fröhliche, sonnige Darstellung des Jenseits, ein endloses Tanzen in das *empyreum* (die Wohnung der Seligen).

Im mittleren Oval trägt ein fliegender Greif die Seele ins Jenseits. Der Geist des Verstorbenen nimmt weibliche Gestalt an. Jetzt wird klar: Es handelt sich um Wesen der ewigen Glückseligkeit in einem geometrischen Rahmen, deren gleichmäßiger Rhythmus nur von der auf die Zeit anspielenden Ermahnung durch die Horen unterbrochen wird.

Gegenüberliegende Seite: Stuckdekor mit einer Sagengestalt in der Mitte (vielleicht Odysseus). Die eleganten Motive und zarten Farben fügen sich an den Wänden zu einer phantasievollen Welt.

Unten: Zwei Kentauren, die gegen Panther kämpfen.

Auch das Grab der Pankratier hält große Überraschungen bereit. Es ist eine reich ausgestattete Gruft, in die man über die ursprüngliche Treppe gelangt. Davor befindet sich ein Vestibül mit einer schönen, auf Ziegelbögen ruhenden Bank. Auf ihr standen wohl die großen Sarkophage, heute ist nur ein Riefensarkophag mit dem Bildnis der Verstorbenen vor einem Rundschild erhalten.[4]

Dringt man weiter vor, gelangt man in die innerste Grabkammer, die von einem enormen Sarkophag fast ganz ausgefüllt wird, jedoch nichts über den Toten verrät.[5] Zunächst beeindruckt dieser massive Schrein, dann der blendende Schmuck des Gewölbes. Eine sprühende Farbsymphonie in den Kappen und deren Unterteilungen, Ocker, Karmin und Violett, ein lebhaftes Konzert mythologischer Melodien aus Stuck und Fresken. Greifen, Kandelaber, Löwen, Kentauren sind in die weiße Masse gegossen, umrahmen die Hauptszenen. Zu entdecken sind Admetos in Begleitung von Apollon und Diana, der Pelias triumphierend den Wagen mit den wilden Tieren vorführt, die er unterjocht hat; Priamos, der vor Achilles tritt, um den Leichnam Hektors auszulösen; Paris, der ohne Zögern die Schönste unter den drei Göttinnen auswählt und der Empfang des Herkules im Olymp.

Der Monte del grano

Wieder befinden wir uns vor dem bekannten Szenario, eine Piazza am Stadtrand von Rom, chaotischer Verkehr, dicht nebeneinanderstehende, häßliche Wohnblöcke. Ein kleiner, mit Olivenbäumen bewachsener Hügel unterbricht die deprimierende Monotonie des Betons. Die Bewohner des Stadtviertels sind sich anscheinend der Bedeutung dieser sonderbaren Überreste nicht bewußt und haben sie mit einem lebhaften, bunten Markt umrahmt. Nichts verrät den merkwürdigen Inhalt, nicht einmal der Name »Monte del grano«, Getreidehügel, der eher duftende Natur erwarten ließe.

Der Legende zufolge ist der Hügel aus einem Getreidehaufen entstanden, den man an einem Feiertag dort zusammengetragen hatte. Als göttliche Strafe schlug ein Blitz ein, verbrannte das Getreide und verwandelte es in einen Erdhügel. Tatsächlich handelt es sich um ein beeindruckendes Hügelgrab in der Form eines umgekehrten Kegels, einem Scheffel

Vorhergehende Seiten und oben: Blick aus dem dromos *in die Grabkammer. Die große Kuppel über der Grabkammer.*

ähnlich, der im Lateinischen *modium grani* hieß. Daher stammt also der Name »Monte del grano«, der bereits in einer mittelalterlichen Schrift zu lesen ist: »et cum parte Modii sive Montanis vel Montis dello Grano«.

Das reiche Dekor und die großen Travertinstufen, die das Äußere des Grabes schmückten, sind heute verschwunden.[1] Nicolò Valentini, der damalige Besitzer des Grundstücks, ließ ihn 1387 abtragen,

denn er wollte »cavare extrahere et rumpere omnem quantitatem lapidum tiburtinarum existentium intus et extra montem qui vocatur Mons Grani«, vor allem aber »deducere et revertere in calcem bonam et congruam«.[2]

Im 16. Jahrhundert war die gesamte Marmorverkleidung bereits verschwunden, das Monument wurde jedoch mit einem Turm ausgestattet. Diesen hat Lovatti 1870 vollkommen restauriert. Bei einem

Aufriß des Hügelgrabs
mit dem Gang, der
Grabkammer und den
Luftschächten (in einem
Stich von Piranesi).

heftigen Sturm im Jahre 1900 brach er jedoch zusammen. Gegen Ende des 19. Jahrhunderts entdeckte man im Inneren einen Sarkophag[3] aus dem 3. Jahrhundert n. Chr., den man fälschlich Alexander Severus und seiner Mutter Julia Avita Mammaea zuschrieb. »Ich erinnere mich, vor der Porta San Giovanni, eine Meile nach den Aquädukten, stand ein antikes Massiv aus blättrigem Gestein; für einen Bergmann reichte ein wenig Mut, um es zu durchbrechen und hineinzusteigen, sich soweit hinunterzulassen, bis er eine gebogene Leichentruhe fand mit dem Raub der Sabinerinnen, und oben auf dem Deckel waren zwei liegende Figuren mit dem Antlitz von Alexander Severus und Julia Mammaea, seiner Mutter. Darin fand man Asche. Diese Leichentruhe steht heute auf dem Kapitol, im Hof des Palastes, in dem die Konservatoren sind.«[4]

Wenn man genauer hinsieht, erkennt man jedoch, daß die Reliefs auf dem Sarkophag nichts mit Alexander Severus oder Julia Mammaea zu tun haben, sondern Episoden aus dem Leben des Achilles zeigen. Zugleich erklärt diese Zuschreibung jedoch, warum dieses Mausoleum so lange für die Grabstätte des letzten Severers gehalten wurde. Die Verwirrung wird jedoch noch größer. Einige Archäologen behaupten nämlich, der Sarkophag habe eines der bedeutendsten Beispiele der römischen Glasschneidekunst enthalten, die berühmte Portland-Vase (1. Jahrhundert n. Chr.)[5] mit ihren großartigen klassizistischen Darstellungen, die mit großem handwerklichen Können in das Glas eingraviert wurden. Eine Arbeit von höchster Qualität, deren Eleganz den erlesenen Geschmack der damaligen Auftraggeber verrät, die sich mit seltenen und kostbaren Gegenständen umgaben.[6]

Ein kleines Tor in dem Garten, der das Mausoleum umgibt, führt in das Herz dieses uralten Hügelgrabs. Durch einen langen *dromos,* einen Gang, gelangt man in das weite Rund der Grabkammer.

Eine dicke Schmutzschicht bedeckt die heute rauhen und schmucklosen Wände. Man muß auf Piranesis Stiche und seine lebhafte Phantasie zurückgreifen und versuchen, trotz des unerbittlichen Verfalls den Resten, die sich in dem kleinen Hügel an der Peripherie Roms befinden, die einstige Erhabenheit abzugewinnen.

Die Nekropole an der Via Ostiense

Unten: Plan der Nekropole. Die Gräber, Grabmäler und Lokuli sind eng aneinandergereiht.

Gegenüberliegende Seite: Im Vordergrund die von Nischen durchbrochene Wand des Columbariums der gens Pontia (1. Jahrhundert n. Chr.).

In der Nähe der Basilika San Paolo weckt eine Reihe von Gräbern und Columbarien, die unter einem Dach dicht zusammengedrängt erscheinen, die Erinnerung an Bestattungen vom Beginn der Republik bis in die späte Kaiserzeit.[1] Hinter einem Gitter sieht man ein Gewirr von Urnen-

kammern, kleinen Ädikulen, Sarkophagen und Behältnissen, als befände sich hier der Lagerraum des Hades. Ein abenteuerlicher Weg zwischen schmucklosen Aschenurnen von Sklaven und Freigelassenen, die von hier aus eine letzte Botschaft an die Lebenden schicken, ein

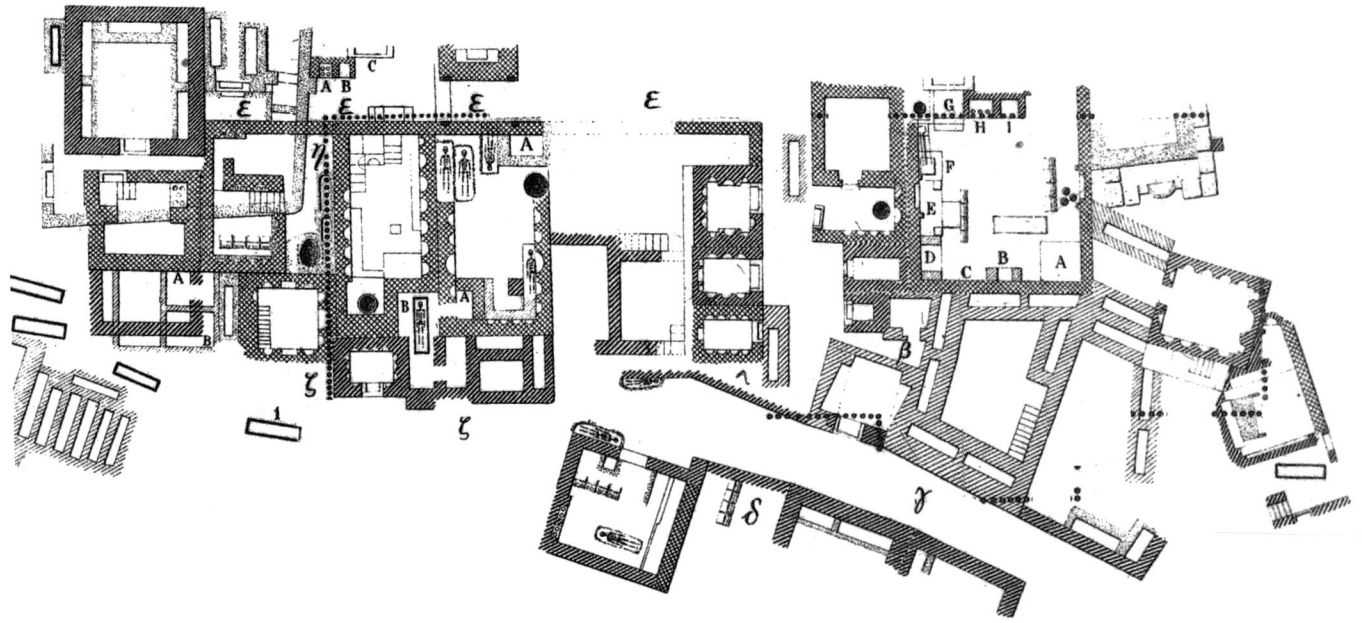

Die Nekropole wurde im Laufe der Zeit in unterschiedliche Richtung erweitert und belegt. Ädikulen, Stelen und Columbarien stehen in dieser labyrinthischen Anlage in einem verwirrenden Durcheinander.

unvergängliches *memento mori*. Aufgeführt sind ihre Geschlechternamen, ihr
Alter und ihr Beruf, sie rufen die Manen
an, um einen glücklichen Heimgang zu
erbitten. Einzel- und Familienbestat-
tungen verkünden ihre Botschaft, erinnern
manchmal mit anmutiger Malerei an den
zierlichen Fassaden an die paradiesischen
Freuden des Lebens nach dem Tod.

Im Nordbereich der Nekropole befinden
sich die ältesten Gräber, sie sind nüchtern,
mit Tuffsteinfassaden, dazwischen sieht
man Gräber aus der Kaiserzeit mit Ziegel-
steinverkleidung. In einem kleinen Raum
unter der Seitentreppe schlägt ein Pfau
sein Rad, daneben müht sich ein mus-
kulöser Herakles, der Alkestis aus dem
Hades trägt. Dies ist nur eine kleine be-

*Die Reihe der Gräber
und Aschenkisten zeigt
die Typenvielfalt der
Bestattungen vom Ende
der Republik bis in die
späte Kaiserzeit.*

malte Ecke, im Dunkel zwischen den Gräbern unter der Treppe versteckt, und dennoch kündigt sie stolz vom Triumph über den Tod.

Nicht weit von dieser Stelle entfernt, liegt ein ausgedehntes, fast quadratisches Gräberfeld aus der Kaiserzeit. An die Umfassungsmauer sind Gräber aus verschiedenen Epochen gebaut, um möglichst den gesamten Raum zu nutzen. Zwei ädikulaförmige Gräber, eines aus Marmor, das andere aus Ziegelstein, können die Bescheidenheit der anderen Erd- oder Kammergräber nicht verbergen.

Auf der gegenüberliegenden Seite verraten Mauern mit Nischen, daß es sich hier um Columbarien handelt. Aus der ersten Wand, die dem Eingang näher liegt, ragt eine elegante Ädikula, ihre Vorderseite ist mit einer Blumengirlande geschmückt. Darin befindet sich das Bild von zwei Löwinnen, die sich auf eine Gazelle stürzen. Daneben sieht man ein kleines Loch, das wohl einst die Öffnung eines Fasses war.

Die gens Pontia (1. Jahrhundert n. Chr.) war Eigentümerin der Urnen mit den Inschriften, die man hier gefunden hat.

An einem Seitenweg, der in die Via Ostiense mündet, gibt es noch einige interessante Columbarien (1. Jahrhundert n. Chr.) in einer Reihe kleiner Ziegelsteinfassaden, über denen die ursprünglichen dreieckigen Giebel fehlen. Besonders beeindruckend ist das Grab der Livia Nebris, Tochter des Marcus, die hier mit anderen Familienmitgliedern bestattet ist. Blühende Ranken und feine Girlanden schmücken die von Nischen durchbrochenen Wände. Der gesamte Innenraum wirkt heiter und festlich. Am Außenpfosten aus Travertin sind die genauen Maße der Anlage festgehalten: *in fr(onte)* *p(edes) VI* (Breite) und *in ag(ro) p(edes) VIII* (Länge). Schaut man sich um, entdeckt man hier und dort anmutige Gestalten, die zwischen den Pflanzen schweben. Nebenan befindet sich ein Raum mit Grubengräbern, den man für den Sitz eines Kollegiums oder der Familie *(schola)* hält, die diese Gräber für ihre Mitglieder hat errichten lassen.

Heute kann man in den Kassetten nur noch undeutlich Bilder mit fliegenden Figuren erkennen. Es dürfte sich um Vögel handeln, die vor dem weißen Glanz des Untergrunds schweben, als flögen sie unter dem Sternenhimmel. Zwischen Greifen und geflügelten Pferden scheint sich nur der Adler auf dem Globus vollkommen wohl zu fühlen.

Das Romulus-Mausoleum

Oben: Fresko an der Rückwand des Vestibüls mit der Darstellung einer Quadriga, die jedoch aus späterer Zeit stammt.

Rechts: Dieser Fund bezeugt, daß die Anlage später auch von Christen benutzt wurde.

Gegenüberliegende Seite: Innenansicht des unterirdischen Tonnengewölbes im Mausoleum mit dem großen Mittelpfeiler.

Gegenüber den *carceres* am Circus des Maxentius verbirgt sich hinter einem großen Mietshaus das Grabmal des Romulus im Prunk der späten Kaiserzeit; die unregelmäßige Kreisform verrät nur noch wenig vom ursprünglichen Bau.

Er war Teil einer größeren Anlage[1], die den Ruhm des Kaisers und seiner *gens* feiern sollte, nach dem Vorbild der orientalischen Architekturensembles, bei denen die Villa, der Circus und das Mausoleum nach dem im 4. Jahrhundert vorherrschenden politischen und architektonischen Ideal einen einzigen Komplex bilden sollten. Hier wurde die gottähnliche Rolle des Kaisers gefeiert, der zu Lebzeiten im Circus bejubelt, nach seinem Tod im Mausoleum zum Gott erhoben wurde. In der Mitte einer großen rechteckigen Säulenhalle mit Ziegelsteinbögen am 2. Meilenstein der Via Appia stehend, sollte das Monument seine ganze Feierlichkeit durch die kreisrunde, dem Pantheon ähnliche Form zum Ausdruck bringen und ein ewiges

Loblied auf Romulus, den Sohn des Maxentius singen, der 309 n. Chr. kaum neunjährig verstorben war.

»Dieses Bauwerk liegt außerhalb von Rom, in der Nähe von San Sebastiano, es ist ganz eingefallen bis zum Erdgeschoß, vor allem die Loggien rundherum; aber das Gebäude in der Mitte, das besonders solide gebaut ist, ist vollkommen erhalten, es besteht ganz aus Ziegelstein. Man sieht keinerlei Ornament, und es ist auch sehr dunkel, denn es erhält Licht nur durch die Tür und durch vier kleine Nischen mit Fenstern. [...] Der bezeichnete Teil ist zur Tonne gewölbt, und der Teil in der Mitte ist ein fester Pfeiler, der dieses Gewölbe trägt, in dessen Mitte eine Öffnung ist. Der solide Körper in der Mitte ist mit Nischen geschmückt, die die anderen begleiten, die in den Mauern sind.« Sebastiano Serlio (1475–1554) beschrieb als erster die Anlage genauer. Auch andere bedeutende Architekten, Sangallo, Palladio und Canina, erforschten sie und versuchten eine Rekonstruktion. Präzise und professionell maßen und notierten sie, versuchten, die Architektur des Bauwerks zu erfassen. Heute ist von dem Mausoleum nichts erhalten, wir können die Maße, die gewaltigen Proportionen, die ursprüngliche Größe nur erahnen. Was geblieben ist, sind die unterirdischen Räume, deren Tonnengewölbe den Fußboden der oberen Cella bildeten, die im einstigen Landhaus als große Terrasse diente, eine Art runder, hängender Garten. »Nach dem, was wir erkennen können, war er

ganz mit Terrakotta ausgelegt, von den den Hof umgebenden Loggien steht noch ein Teil. Die Eingänge zu diesem Hof hatten doppelte Loggien, und auf der einen und auf der anderen Seite dieses Eingangs befanden sich Räume, die den Priestern dienten [...]. Auf der Seite vor diesem Tempel gegenüber dem Eingang im Hof befinden sich die Fun-

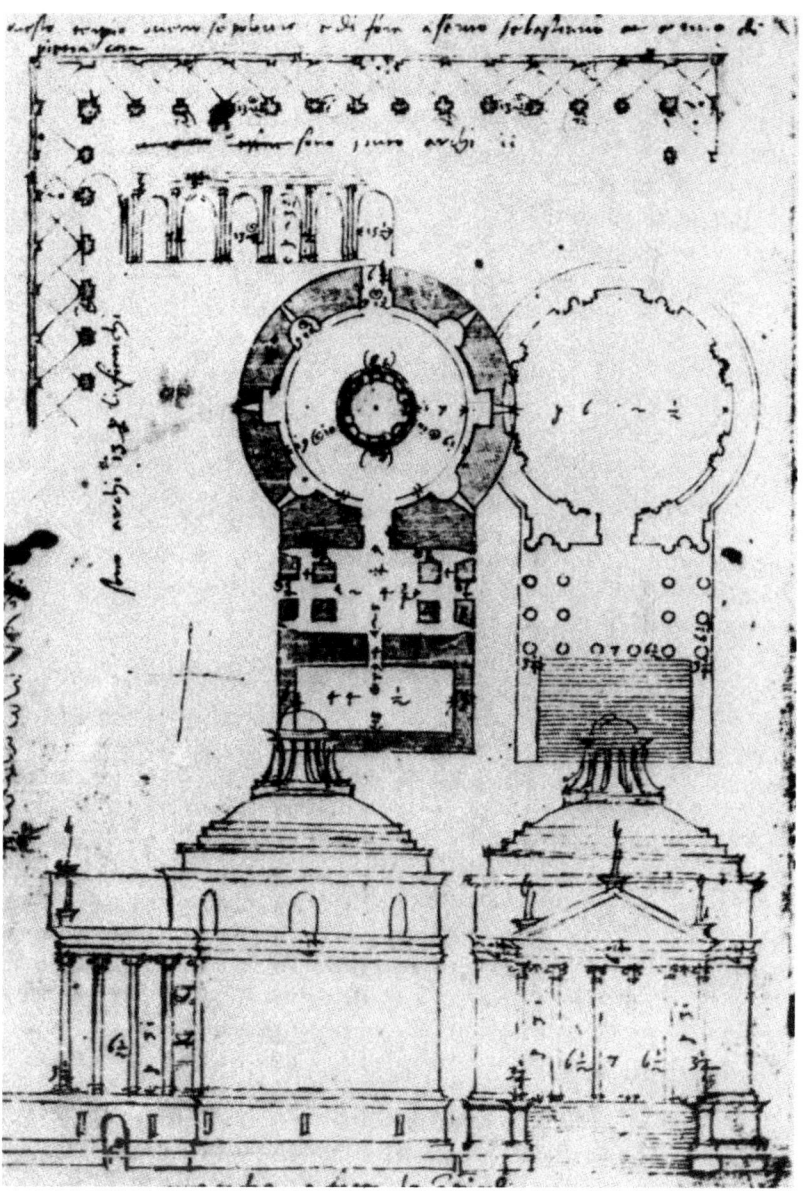

damente des Portikus, doch wurden die Säulen fortgetragen.«[2]

Von der soliden antiken Eingangstreppe gelangt man in das Landhaus, das nicht besonders würdevoll die Funktion des antiken sechssäuligen Pronaos übernimmt, der der monumentalen Front das Aussehen eines Tempels verlieh. Von hier aus gelangte man in der Antike in die runde Cella, deren Wände mit Nischen und Säulen geschmückt waren. Gedeckt war sie mit einer großen Kuppel, die durch einen *oculus* zum Himmel geöffnet war, ähnlich wie das Pantheon. Hiervon ist nichts mehr vorhanden.

Eine Treppe führt nach unten in ein schmuckloses Vestibül, dessen rauhe Wände von einigen antiken Graffiti und später hinzugefügten Fresken ein wenig belebt werden. Die bedrückende, düstere Atmosphäre verkündet den Eingang zur Grabkammer, das Herz des Romulus-Mausoleums. Ein großer runder Mauerring umgibt es. Das Grab wurde als unvergängliche Erinnerung an den Prinzen errichtet, der der Sage nach als Kind im Tiber ertrank. Ein riesiger, das Gewölbe des Wandelganges tragender Pfeiler in der Mitte ist mit abwechselnd halbkreisförmigen und rechteckigen Nischen geschmückt, die Pendants auf der Gegenseite haben. Durch enge Luftschächte dringt Licht ein, das die unheimliche Atmosphäre nur wenig aufhellt. Die architektonische Anlage erinnert an eine Höhle, selbst die verputzten Wände nehmen dem Grab nichts von seiner Grottenhaftigkeit.

Gegenüberliegende Seite: Fragment vom Marmordekor der Anlage, das heute zum großen Teil verloren ist.

Oben: Der große Mittelpfeiler, in den abwechselnd halbrunde und rechteckige Nischen eingelassen sind.

Das Mausoleum des Lucilius Petus

Das Mausoleum des Lucilius Petus liegt in einer Geländevertiefung an der antiken Salzstraße, der Via Salaria. Man erkennt sein konisches Profil, dessen einstige Eleganz aufgrund seines Standorts tief im Boden heute fast unkenntlich ist. Dieses Mausoleum zieht wie viele andere Hügelgräber noch immer die Aufmerksamkeit der Spaziergänger auf diejenigen, die hier ihre letzte Ruhestätte fanden. In der in Jahrhunderten entstandenen Vertiefung[1] ist bis heute seine strenge Würde zu erkennen. Eine Inschrift nennt die Eigentümer, zwei wohlhabende Mitglieder der gens Lucilia: Lucilius Petus, Militärtribun, Präfekt der Schmiede und der Kavallerie, und seine Schwester Lucilia Polla, die vor ihm starb.

Die elegante Inschrift[2] auf einer großen Marmortafel befindet sich auf einem runden Schild, umgeben von einer schönen Verkleidung aus horizontal und vertikal verlegten Travertinquadern, die eine geometrische Unterteilung[3] rings um einen eleganten Rahmen bilden. Eine einfache,

nüchterne Struktur vor dem grünen Profil der Vegetation. Wir erkennen die typische Form eines Hügelgrabes.[4] Es handelte sich sicherlich um ein Rundgrab, wie es zur Zeit des Augustus sehr in Mode war, und so kann man die Anlage in das 1. Jahrhundert v. Chr. datieren.

Wenn man um das Bauwerk herumgeht, wird seine einstige Monumentalität deutlich, und in der Marmorverkleidung entdeckt man den ursprünglichen Eingang: Eine kleine Tür mit flachem Bogen führt in einen langen Gang bis zur Grabkammer, ein enger *dromos* mit einem noch heute verputzten Gewölbe. An den Seitenwänden befinden sich die Spuren einer späteren Nutzung als Katakombe. Man sieht Urnennischen *(loculi)* in Doppelreihen, einige sind mit großen Ziegelsteinen oder Marmorplatten verschlossen. Die Nischen sind fast alle sehr klein, woraus man schließen kann, daß es hauptsächlich Kindergräber waren.

Geht man weiter, gelangt man in die eigentliche Grabkammer, eine kreuzförmige Anlage mit drei Nischen. Die Luft ist schwer, fast erstickend, und man wünscht sich, hier nicht lange zu bleiben. Eine einfache Architektur ist zu erkennen, vier Vorsprünge in den Ecken, »unechte« Pfeiler, die Träger des nüchternen Kreuzschiffes über den in die Wand eingelassenen Nischen, in denen wohl einst das Totenbett gestanden hat.[5] Über eine nachlässig gebaute Treppe gegenüber dem Eingang steigt man zu Wänden mit zahllosen Nischen empor und entdeckt eine Katakombe mit weiteren Urnen-

nischen, die vermutlich in den ersten nachchristlichen Jahrhunderten von den Christen in den Tuffstein gehauen wurden. Vielleicht von den Nachfahren der gleichen Familie, die inzwischen zum Christentum übergetreten war.

Die Grabkammer im Mausoleum des Lucilius Petus, ein kreuzförmiger Raum mit drei Nischen. In einer der Nischen steht noch das Totenbett (kline)*, auf dem der Tote aufgebahrt wurde.*

Die Mausoleen bei San Sebastiano

Das unendliche Labyrinth von unterirdischen Gängen zwischen dem 2. und 3. Meilenstein an der Via Appia ist so etwas wie ein Palimpsest des Gedenkens, bei dem die in Jahrhunderten aufgehäuften Schichten die Spuren der Vergangenheit mit allen Zeichen einer sich radikal ändernden Auffassung von Begräbnis und Jenseits bewahren.

Die lange Tradition der *memoria apostolorum,* des Kultes um die Grabstätten von Petrus und Paulus, und die spätere Legende über den heiligen Sebastian führten fälschlicherweise zu dem Glauben, daß dieses Sandsteinmassiv, in das die Lokuli eingetieft sind, ausschließliches Erbe der Katechumenen und der *fossores* gewesen sei. Später erkannte man, daß es sich hier um eine Katakombe handelt, was jedoch bedeutet, daß in der Nähe ein Steinbruch gelegen haben muß, im Griechischen *katà kymbas* (d. h. »bei einem Hohlraum«), woraus die Bezeichnung Katakombe entstand. Aber diese Anlage trägt nicht nur die Spuren christ-

licher Märtyrer. Sie verrät uns komplizierte und erstaunliche Geschichten aus dem Alltag der Heiden. Wir steigen unter die Erde und sind fasziniert von der Eleganz und Erlesenheit, die nichts gemein hat mit den deprimierenden Nischenreihen in den Katakomben, die Goethe so beschrieb: »Der Besuch des zweiten Lokals geriet jedoch nicht zum besten, denn die ersten Schritte in diesen dumpfigen Räumen erregten mir sobald ein solches Mißbehagen, daß ich sogleich wieder ans Tageslicht hervorstieg und dort im Freien in einer ohnehin unbekannten fernen Gegend der Stadt die Rückkunft der übrigen Gesellschaft abwartete, welche, gefaßter als ich, die dortigen Zustände getrost beschauen mochte.«[1]

Die ältesten archäologischen Reste stammen aus republikanischer Zeit, es handelt sich um eine Vorstadtvilla[2], die einst auf eine kleine Parallelstraße der Via Appia blickte. Von späteren Baumaßnahmen zeugen eine weitere kleinere Villa[3] und einige Columbarien.

Doch haben die Heiden noch weitere Spuren hinterlassen. Im Laufe der Jahrhunderte baute man Schicht für Schicht weiter, und man findet noch eine einzigartige kleine Piazza, die fast vollkommen erhalten ist. Um das 2. Jahrhundert wurde sie zugeschüttet, um den ursprünglichen Boden, der etwa neun Meter unter dem Fußboden der Kirche lag, um drei Meter zu erhöhen.

An dieser Piazza lagen drei kleine Gräber, deren Fronten noch vollständig erhalten sind. Eine mit Fresken und Stuck geschmückte Grabkammer ist die letzte Ruhestätte des M(arcus) Clodius Hermes, die Inschrift befindet sich noch vor Ort.[4] Darüber hinaus lag hier das Grab der *innocentiores*[5] und das der *ascia* (Beil), so genannt, weil in die Fassade ein Beil eingemeißelt ist.

Es handelt sich um drei kleine, höchst vornehme, sicherlich heidnische Mausoleen, die gegen Ende der hadrianischen Zeit entstanden sein dürften.

Das Grab des Marcus Clodius Hermes ist eine Hymne an den Frühling und paradoxerweise an das Leben. Auf den Fresken sieht man Obstkörbe, Blumen, Vögel im Flug[6], ein Garten der ewigen Freuden zur Erheiterung des Verstorbenen, ein symbolisches *paradisus*.

»Ich wünsche mir, daß rund um meine Asche Früchte aller Art wachsen, und auch reichlich Wein«, erklärt Trimalchio an einer berühmten Stelle des *Satyricons* des Petronius Arbiter, denn er ist von der Erlösung *post mortem* überzeugt, von einem Zustand der läuternden Befreiung von den Mühen des Lebens, bei dem man die Ruhe in der Fülle des geistigen Genusses findet. Um dieses Fresko waren in blutrot gerahmten Achtecken Szenen von der Bestattung wiedergegeben, die Rede zu Ehren des Verstorbenen, der Abschied der Ehefrau, der Freunde und Verwandten.

Von der Gewölbemitte blickt ein häßliches Gorgonenhaupt herab, das den eleganten Tanz ins Jenseits unterbricht, jedoch konnte es auch Unheil abwenden. Das Mausoleum der *innocentiores* ist mit weißem Stuckdekor geschmückt.[7] Die mit einem Beil versehene Grabkammer hat ebenfalls eine mit Stuckrahmen und -rosetten verzierte Decke. Diese Arbeit verrät großes handwerkliches Können, aber auch die Aufmerksamkeit, die die Lebenden den Grabkammern der Verstorbenen entgegenbrachten. Der Reichtum der Ausstattung und des Dekors war eine letzte Möglichkeit zur Repräsentation, ein letztes Statussymbol.

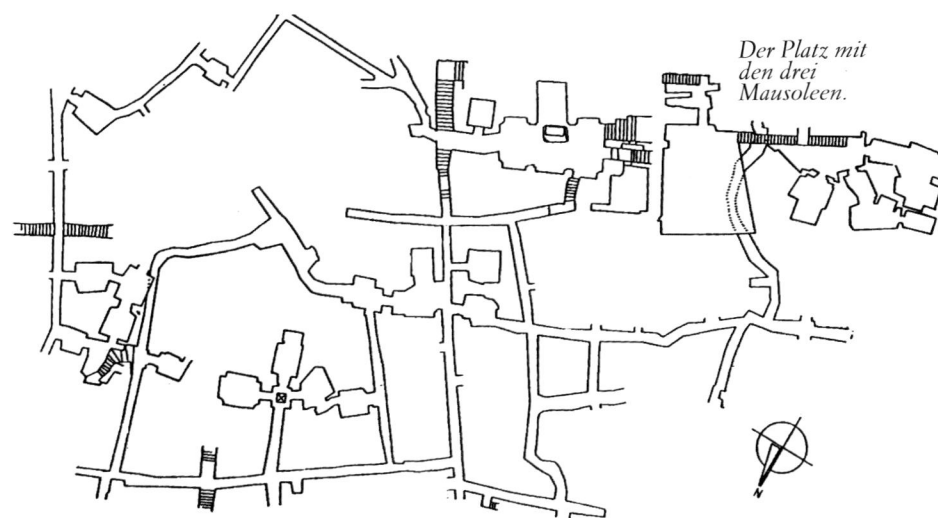

Der Platz mit den drei Mausoleen.

Oben: Plan der unterirdischen Gänge unter San Sebastiano, auch der Platz mit den drei Mausoleen ist eingezeichnet.

Gegenüberliegende Seite: Detail der Lünette über dem Wandgrab. Bei der durchsichtigen Kristallschale sind Schatten und Bewegungen sorgfältig herausgearbeitet. Es ist eine Arbeit von hoher Qualität.

Die Cestius-Pyramide

Gegenüberliegende Seite: Die Cestius-Pyramide in einem Stich von Piranesi.

Unten: Die Pyramide des Gaius Cestius vom protestantischen Friedhof aus gesehen. Man sieht, daß sie in die aurelianische Stadtmauer eingebunden ist. Im Hintergrund die Porta Ostiense.

Durch ihre aufsteigenden Linien symbolisieren Pyramiden seit jeher die Vorstellung vom Aufstieg in den Himmel. Sie sind Treppen nach oben, der Weg der Seele hin zu ihrer himmlischen Erfüllung. Deshalb entwickelte sich die Pyramide im Laufe der Zeit zur Grabform par excellence. Die Faszination der perfekten Geometrie, der Masse, der abstrakten Linea-

*Oben: Aufriß der West-
seite der Pyramide des
Gaius Cestius, in einem
Stich aus dem 18. Jahr-
hundert.*

*Gegenüberliegende Seite:
Ein Foto der Cestius-
Pyramide von der
gleichen Seite.*

Treppe verwandelte sich in die klare
Geometrie der Pyramide, mit Rücksicht
auf das Bedürfnis der Ägypter nach ritu-
eller Reinheit. Vielleicht entwickelte sich
die Idee zum Bau einer Pyramide aus dem
Sonnenkult, der Vorstellung von einem
Monolithen, auf dessen Spitze sich die
Sonne niederläßt.

In Rom war zur Zeit des Kaisers Augustus
Ägypten sehr in Mode, und man errichtete dort vier Pyramiden. Jedoch nur die
des Gaius Cestius blieb bis heute erhalten.
Zwei weitere Pyramiden standen auf dem
Marsfeld am Eingang zur Via Lata, fast
wie eine stilisierte Toranlage. Heute befinden sich an dieser Stelle die beiden Zwil-
lingskirchen von Bernini, Santa Maria in
Montesanto und Santa Maria dei Mira-
coli.[1] Eine weitere Pyramide stand in der
Nähe der Peterskirche. Sie wurde »Pira-
mide del Borgo« genannt. Alexander IV.
ließ sie abreißen, um Platz für die neue
Straße in den Borgo alessandrino zu schaffen. Im phantasiebegabten Mittelalter
hatte man diese Pyramide mit dem Grün-
dungsvater Roms in Verbindung gebracht
und nannte sie Meta Romuli, während die
Cestius-Pyramide als Meta Remi bezeichnet wurde. »Nel mezo delle mura
edificato / una gran toma di molta gran-
deza / dove po morte Remul sotterrato.«[2]
Diese falsche Zuweisung hat jedoch nicht
lange bestanden, denn Poggio Bracciolini,
ein begeisterter Philologe, kopierte den
Namen, der in die Fassade eingraviert ist,
vollkommen richtig: C(aius) CESTIUS L(uci)
F(ilius) POB(lilia tribu), EPULO, PRAETOR,
TRIBUNUS PLEBIS (septem)VIR EPULORUM.[3]

rität, machten aus der Pyramide das Ur-
symbol des Strebens der Menschen nach
der Unendlichkeit. Die ältesten Beispiele
sind Stufenpyramiden, etwa die in Sak-
kara. Doch lagerte sich auf den Stufen
vom Wind herangetragener Staub und
Sand ab, die Vögel hinterließen Schmutz.
Man verkleidete sie also mit glatt polierten
Platten, und es entstand die Pyramide, wie
wir sie heute kennen. Die symbolische

Dies besagt, daß zwischen 18 und 12 v. Chr. Gaius Cestius[4], Septemvir der *epulones,* also Priester des namhaften Kollegiums, das die Ritualbankette der Götter *(epulae)* vorzubereiten hatte, beschloß, die überkommenen Grabformen zu verwerfen und ein neues, orientalisch geprägtes bauen zu lassen. Er ließ seine Himmelstreppe auf einem breiten Travertinsockel (29,5 x 29,5 m) errichten und mit einem weißen Mantel aus Luni-Marmor verkleiden.[5]

An der Kreuzung zweier wichtiger Hauptverkehrsstraßen, der Via Ostiense und des Vicus Portae RHosdusculanae, erhebt sich heute die Pyramide im römischen Stadtviertel Testaccio, ein stolzes Zeugnis der

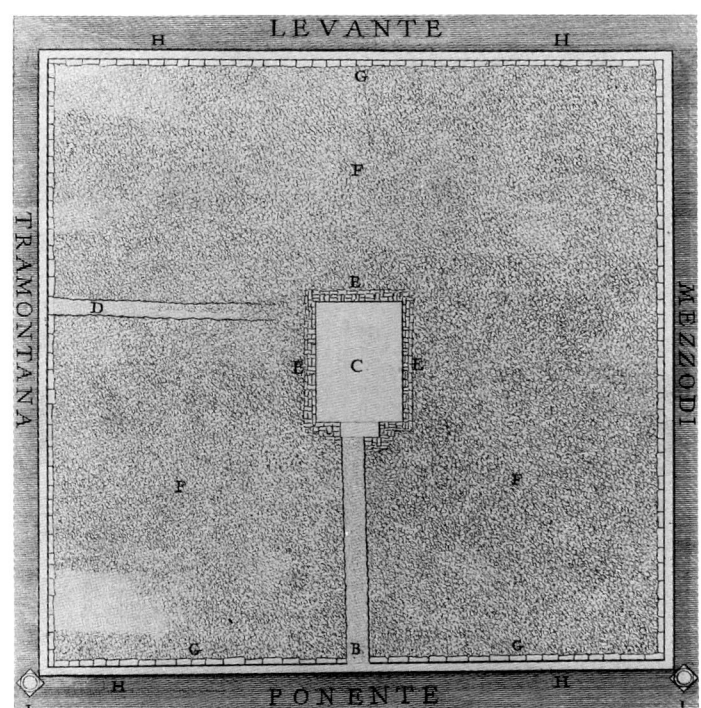

Antike. Einst war sie in die aurelianische Stadtmauer eingebaut.[6] Ihre aufsteigenden Kantenlinien erinnern an die ägyptische Mode ihrer Entstehungszeit. Man steht vor dem geschlossenen weißen Mantel und sucht eine Schwelle, einen Eingang. Schließlich gehen wir durch eine winzige Tür[7], und der Kontrast zwischen der Helligkeit draußen und der plötzlichen Dunkelheit im Inneren ist überraschend. Wir stehen in einem engen langen Gang, der zur Grabkammer führt.[8] Alles wirkt unglaublich klein und niedrig im Vergleich zu dem massigen, beeindruckenden Äußeren. Die Enge mindert jedoch keineswegs die Faszination der Stätte, im Gegenteil, sie betont sie noch.

Das Gefühl der Verlorenheit schwindet sofort angesichts der an die Wand am Ende des Raumes gemalten, anmutigen weiblichen Gestalten. Sie lesen, tragen Gefäße oder lange Flöten, tauchen aus dem abgeschürften Putz auf und wachen mit ihrer Grazie[9] über den Toten.

Weiter oben im Gewölbe[10] wiesen vier schwebende Siegesgöttinnen auf die Apotheose des Cestius. Leider ist eine Beschreibung nur mit Hilfe der alten Stiche und Zeichnungen aus dem 18. Jahrhundert möglich, denn Verwitterung und Feuchtigkeit haben die meisten Figuren dieser Komposition zerstört. Von der *instauratio funeris* ist wenig geblieben, doch das wenige läßt keinen Zweifel an der einst überragenden Qualität.

Gegenüberliegende Seite: Grundriß der Cestius-Pyramide in einer Zeichnung Piranesis (oben); Stich des gleichen Künstlers, eine Ansicht der Pyramide im 18. Jahrhundert (unten).

Unten: Die helle Marmorverkleidung der Cestius-Pyramide; sie ist im Stadtbild Roms immer sehr gut zu erkennen.

Die Columbarien

Der Ursprung der antiken Columbarien ist nicht bekannt. Das Wort *columbarium* wird von *columba* (Taube) abgeleitet, und in der Tat erinnern die Columbarien an Taubenschläge: In den winzigen Nischen befinden sich die Behälter mit der Asche von Verstorbenen, Tausender Männer und Frauen, deren Namen über der Wandöffnung festgehalten sind, ebenso wie ihr Alter, ihr Beruf und die Namen ihrer Angehörigen. Sie haben sich selbst darstellen lassen, die Götter, die sie verehrten, ihre Vorstellungen und Ängste in bezug auf das Jenseits kundgetan, ihre Auffassung von Leben und Tod. All dies findet sich an den Wänden der Columbarien, deren strenge Geometrie von kleinen Fresken und Inschriften durchbrochen wird.

Der Bau solcher Urnenhallen nahm im augusteischen Rom (1. Jahrhundert n. Chr.) seinen Anfang. Die Epoche der großen Mausoleen war vorüber, die Bevölkerung wuchs, und Bestattungskorporationen bauten nun diese neue Art von Gemeinschaftsgräbern.

In jede Nische oder Lokulus wurden bis zu drei Urnen gestellt, so daß an der Wand eines solchen Raumes Hunderte von Verstorbenen ihre letzte Ruhestätte fanden. Auf diese Weise wurde das drängende Platzproblem gelöst.

Der Verstorbene wurde verbrannt und seine Asche in ein irdenes Gefäß gefüllt. Wer wohlhabend war, verwendete eine kostbare Urne aus Alabaster, Marmor oder Metall.

Unter der Nische wurde ein Schild mit dem Namen des Verstorbenen angebracht, und rundherum schmückte man die Wand mit Ornamenten, Genrebildern oder kleinen mythologischen Szenen, die der Nischenwand einen heiteren Anblick verliehen. So versuchte man, die triste Dunkelheit des Todes abzuwehren.

In den meisten Fällen sind diese Nischen sehr sorgfältig gearbeitet und geschmackvoll ausgestaltet: eine kleine Ädikula mit Säulen und winzigen Fassaden, eine facettenreiche, harmonische Mischung von großer architektonischer und dekorativer Wirkung.

Oft waren die Columbarien Eigentum von Bestattungsvereinen oder von Freigelassenen aus den römischen Adelsfamilien. Da ihnen die Mittel für eine Einzelbestattung fehlten, schlossen sie sich zu verschiedenen Korporationen zusammen, und mit einem kleinen Jahresbeitrag sicherte man sich den bescheidenen, aber würdevollen Raum für die eigene Asche. Die Wohlhabenden konnten sich größere und prächtigere Grabstätten leisten, mit Stuck und Fresken verzierte Columba-

rien, mit anmutig gemalten Figuren geschmückte, separate Räume, die persönliche und religiöse Vorstellungen vermitteln sollten.

Häufig findet man eine heitere, harmonische Natur, Blumen und Früchte, zwitschernde, zum Flug ansetzende Vögel, tanzende Putten – Sinnbilder der Fruchtbarkeit einer paradiesischen Welt, Symbole für den unbeschwerten, sorglosen Zustand der Seele in den elysischen Gefilden.

Mit der Erdbestattung sollte der Körper der Erde zurückgegeben werden, aus der er geschaffen war, während die Einäscherung eher der neoplatonischen Auffassung entsprach, wonach die Seele durch die Verbrennung endgültig von ihrem Erdgefängnis (dem Körper) befreit wird und zu ihrer ursprünglichen Heimat am Sternenhimmel zurückkehrt.

Gegenüberliegende Seite: Die Nische mit den Urnen von Pomponius Hylas und seiner Frau Pomponia Vitalinis; beide sind auf dem Fresko oben rechts und links abgebildet, in der Mitte die cista *(Korb), ein Mysteriensymbol, Sinnbild ihres Glaubens an das Jenseits.*

Unten: Detail des Freskos. Die in einen blauen Mantel gehüllte Gattin des Pomponius Hylas.

Das Columbarium des Pomponius Hylas

Rechts: Unter jeder Nische war eine tabula *angebracht, eine marmorne oder gemalte Tafel mit dem Namen, dem Alter und dem Familiennamen des Verstorbenen.*

Gegenüberliegende Seite: Die Architektur des Columbariums ist üppig, fast barock, seitlich angeschnittene Giebel und vorkragende Giebelfelder wechseln sich ab.

Einsam und etwas abseits in einem Winkel des Scipionenparks steht ein kleines Häuschen, den meisten Besuchern dieses Gartens bleibt es verborgen.[1] Dennoch gehört es zu den beeindruckenden Stätten, die man nicht so schnell vergißt.

Man tritt über die Schwelle, geht eine steile Treppe hinunter und vergißt die Gegenwart, taucht ein in die Einsamkeit dieser Grabstätte und entdeckt eine neue Dimension des Todes, eine neue Auffassung vom Übergang ins Jenseits. Die Schönheit und Eleganz dieses kleinen Schreins ist ein deutliches Indiz für eine mystische Vorstellung vom Jenseits.

Als erstes sieht man die Mahnung, diesen Ort nicht zu entweihen, seine Ruhe nicht zu stören. An der der Treppe gegenüberliegenden Wand wachen zwei Greifen (zwischen ihnen eine Kithara) gelassen über der Grabinschrift, die als Mosaik den Eingang bezeichnet. Darüber hinaus sollen sie Unheil abwenden und den Verstorbenen beschützen.

Glänzende Steinchen aus Glaspaste geben

CN·OCTAVIVS   OCTAVIA
CN·L·ZETHVS   CN·L·
SIBI·ET·SVIS   PITHANE

*Gegenüberliegende Seite:
Die Ädikula auf der
linken Seite des Colum-
bariums. Das Dekor ist in
lebhaften Farben, Blut-
rot, Meerblau, Gelb und
Sienabraun, gehalten.*

*Links: Stuckrelief mit der
Darstellung des Kentau-
ren Chiron, der Achilles
das Leierspiel lehrt. Die
Leier versinnbildlicht die
geistige und reinigende
Kraft der Musik.*

die Namen der Besitzer dieser Grabstätte an, Pomponius Hylas und seine Gattin Pomponia Vitalinis: CN(aei). POMPONI HYLAE (et) POMPONIAE. CN(aei). L(ibertae) VITALINIS. [2]

Ganz unten wartet eine weitere Überraschung, kein dunkles, bedrückendes Grab, sondern eine recht elegante Gedächtniskapelle. Intim und lebhaft zugleich, bezaubert sie durch ihre leuchtenden Farben. Der Blick wird gefangen von den vielgestaltigen, auf die besonderen Anziehungspunkte hinweisenden Giebel.

Man entdeckt in der Farbsymphonie aus Blutrot, Sienabraun, Gelb und Meerblau Gestalten und Szenen, die sicher nicht zufällig zusammengestellt, sondern kunstvoll zu einer Hymne an die Ewigkeit verwoben sind.

Ädikulen, die wie kleine Tempel aussehen, gliedern die Wände dieses kleinen Schreins, den man nicht einfach nur als eine Urnenhalle bezeichnen kann.[3] Der Raum wirkt wie ein Theater, in dem eine heitere, verspielte Oper über die Welt des Jenseits aufgeführt wird.

In dem kleinen Giebeldreieck gegenüber der Treppe lehrt Chiron Achilles das Leierspiel und verwandelt so die läuternde Wirkung der Musik in eine heitere Darstellung der elysischen Felder. Weiter unten im Fries des Architravs flicht Oknos in unendlichem Fleiß sein Seil. Der dreiköpfige Kerberos leistet ihm mit einer fliehenden Danaide Gesellschaft, eine Anspielung auf die Mühen des Tartaros.

Im Gewölbe ist die Erlösung dargestellt, dorthin sind die Putten geklettert und tanzen fröhlich vor hellem Grund zwischen den Weinreben. Es ist nicht einfach, das Bild in der Erinnerung festzuhalten, so lebhaft bewegen sie sich in diesen Ranken, vermitteln in dionysischem Überschwang das Gefühl ewiger Glückseligkeit. Nach und nach erkennt man Details: Da rollt der eine mühsam eine Papyrusrolle auseinander, ein anderer versucht sich als Seiltänzer auf einem Zweig, der dritte liest und scheint den vierten gar nicht zu bemerken, der neben ihm auf einer Ranke schaukelt. Orpheus beherrscht mit seinen Mysterien den Raum und seine architektonische Gliederung. Im mittleren Giebel tritt er vor dem hellblauen Untergrund in der

Gestalt des Iakchos[4] hervor, verweist auf den Fries darunter, wo er seinem Ende im dionysischen *furor* der Bacchantinnen entgegensieht. Das Thema, das in mehreren Einzelszenen dargestellt ist, wirkt wie eine Aufforderung, die Mysterien nicht zu enthüllen, das rätselhafte Knäuel der Sage nicht zu entwirren, das in dem geheimnisvollen Korb verwahrt wird. Möglicherweise wollen die beiden Auftraggeber, die den beiden heroisch dargestellten Verstorbenen in der Mitte der Ädikula den Weg weisen, dazu auffordern, ihn einzuschlagen. Es ist auch unwichtig, ob es sich bei ihnen um Pomponius Hylas und seine Ehefrau handelt oder um Granius Nestor und dessen Gattin Vinileia Hedonis[5], um ihren Abschied und vor allem um ihr orphisches Glaubensbekenntnis.

Und nun entwirrt sich alles auf wundersame Weise, die Botschaft erreicht den Besucher klar und deutlich: Er soll den Mysterien folgen, auch dem sanften Schweben der Nymphen, die vom allerhöchsten Punkt des Gewölbes ihre Botschaft vom Sieg des Todes über das Leben und die orphische ewige Erlösung verkünden.[6]

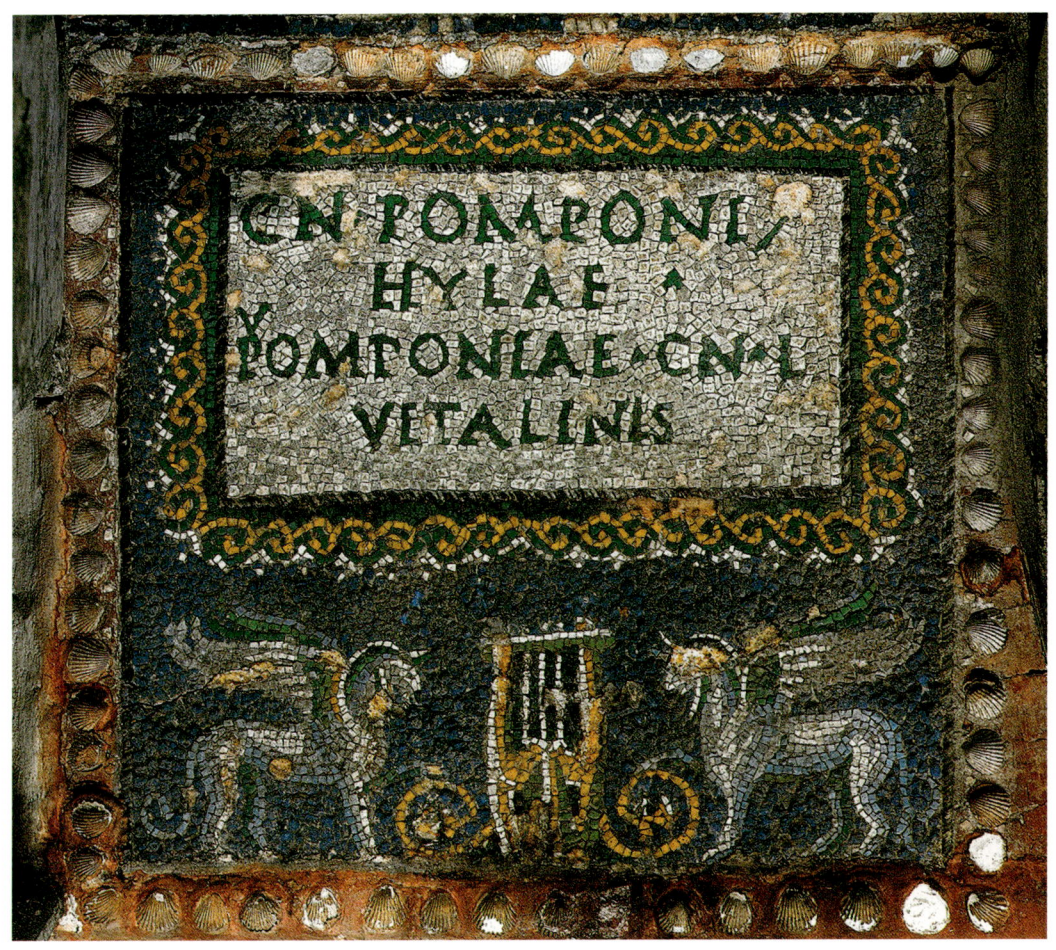

Die Columbarien in der Vigna Codini

An der Porta Latina, fern vom Verkehrslärm, kann man zwischen den fest verschlossenen Gärten vornehmer Villen die Dächer dreier großer Columbarien entdecken. Sie blicken auf ein recht ungewöhnliches Panorama mit Swimmingpools und Liegestühlen, künden von ihrer 2000jährigen Geschichte im Gebiet zwischen der Porta Latina und der Porta San Sebastiano.

Von diesem großen Vermächtnis ist heute fast nichts mehr erhalten, nur die Columbarien in der Vigna Codini, die der Marchese Campana und Pietro Codini, der Besitzer des Weinbergs (*vigna* im Italienischen)[1] Anfang des 19. Jahrhunderts entdeckten. Es handelt sich um drei unterirdische Grabanlagen aus der Zeit des Tiberius und des Nero (1. Jahrhundert n. Chr.), die recht gut erhalten sind.

Das erste Columbarium[2] mit einem großen, in die Erde eingetieften, rechteckigen Raum wirkt bedrückend. Ein riesiger, von Nischen durchbrochener Mittelpfeiler trägt das Gewicht des Gewölbes.[3]

Vorhergehende Seiten
und gegenüberliegende
Seite: Die Columbarien in
der Vigna Codini. Das
erste, ein in die Erde
eingetiefter, rechteckiger
Saal, wird von einem
mächtigen Mittelpfeiler
mit Nischen beherrscht.
Weitere tönerne Urnen
standen in zwei Reihen
auf der Bank, die um den
gesamten Raum läuft.

Links: Der Raum war mit
hellem Putz verkleidet,
auf dem fein gemalte
Ornamente, Zweige,
Vögel sowie die Schilder
mit Namen und Ämtern
des Verstorbenen ange-
bracht waren.

Eine schmale und steile Treppe führt hinunter in den Innenraum, in dem in neun
Reihen übereinander die von Bögen über-
spannten Lokuli der Verstorbenen angeordnet sind. Weitere Aschenurnen in
Doppelreihen waren auf der langen, den
gesamten Raum umlaufenden Bank aufgestellt.[4]

Die vielen Gräber in der unterirdischen
Kammer, das Gewirr von leeren Nischen,
in denen oft die Aschenreste eines Ehe-
paares ihre letzte Ruhestätte fanden,
wirkt etwas bedrückend. Die einfache,
aber würdevolle Grabanlage war von
kleinen Gestalten bevölkert, Vögeln aller
Art und gemalten Blumen. Dies war nicht
nur eine oberflächliche Spielerei, sondern
der Versuch, den Toten mit einer anmutigen Darstellung der paradiesischen Gärten zu begleiten, ihn mit dem Zauber
heiterer Glückseligkeit zu trösten. Diese
Bilder spiegeln auch das Bedürfnis nach
einer geistigen Reinigung, einer Katharsis,
was z. B. in den dionysischen Szenen zum
Ausdruck kommt, im Bedürfnis, eine be-
ruhigende Auskunft über das Schicksal
im Jenseits zu finden.

Das zweite Columbarium[5] ist ein großer
Kubus mit Nischen und einem *opus-
signinum*-Fußboden. Auch hier befanden
sich unter den Nischen marmorne oder
bemalte Tafeln mit den Namen der Verstorbenen. Es handelt sich fast aus-
schließlich um Freigelassene des Kaiserhauses, die aus eigenen Mitteln diese
gemeinschaftliche Bestattungsanlage
gebaut[6] und deren Dekor entworfen
haben. Zwischen den Nischen saßen

Oben: Im zweiten Columbarium standen hauptsächlich Urnen von Freigelassenen des Kaiserhauses. Die Wohlhabenderen gaben häufig auch eine Porträtbüste in Auftrag, die vor die Nische gestellt wurde. Nur drei solcher Büsten hat man gefunden. Die Büste der Frau datiert in neronische Zeit, die beiden Männer in claudische und flavische Zeit.

Gegenüberliegende Seite: Das dritte Columbarium. Es ist größer und imposanter als die anderen und hat eine außergewöhnliche U-Form mit drei miteinander verbundenen Armen.

kleine Ädikulen mit Giebeln und Säulen oder Halbsäulen aus farbigem Marmor oder Stuck. Dazwischen waren Fresken[7] gemalt mit fröhlichen und lebhaften Motiven zwischen Pflanzenranken und dionysischen Zimbeln, Körben und Trinkhörnern – ein Versuch, sich der Bedrückung des Todes durch die bunten Bilder zu entziehen.

Das dritte Columbarium[8], das größte und imposanteste, ist in einer ungewöhnlichen U-Form mit drei miteinander verbundenen Armen angelegt. Eine doppelte Treppe führt ins Innere, das durch die schwindelerregend hohen Wände beeindruckt.[9] Vermutlich war es bis zur Decke mit Dekor ausgestattet, das Gewölbe war mit Fresken geschmückt, die Wände mit Halbpfeilern mit farbigen Marmorkapitellen gegliedert.

Heute kann man sich diesen Reichtum nur schwer vorstellen, denn der Putz ist abgefallen, und die Luft ist feucht und muffig. Doch mag man die ehemalige Wirkung beim Anblick der kleinen Überreste im Gewölbe und zwischen den Nischen erahnen. Die Flächen zwischen den Urnennischen tragen Epigramme und Inschriften und verraten, daß hier Diener und Freigelassene des Kaiserhauses bestattet waren. Ein Verbot ist eindeutig formuliert: »Ne tangito, o mortalis, revere Mane deos!« (Nicht anrühren, oh Sterblicher, achte die Manen!).

DAS WASSER

Ein Nymphäum ist eine den Nymphen, ihrem Kult und ihrer Verehrung geweihte Stätte. Ob es sich nun um Nereiden, Naiaden oder Okeaniden handelt, sie alle wachen über das klare Wasser von Quellen und Brunnen und lenken deren lebensspendenden Fluß: »Quellen und Ufer gehören den Wassernymphen.«[1] Homer erklärt, daß sie den Töchtern des Zeus ähnlich seien, also wunderschöne Jungfrauen in Hainen und auf Lichtungen, wo sie in Freiheit jagen oder auf den Wiesen tanzen können. Sie zeugen und ziehen Helden auf, leben in Grotten, in feuchten Räumen, in denen Wasser fließt, offenbaren sich in dem Zauber, dem Murmeln und der Kraft, die dieses Element verströmt.

Sie sind die Personifikation des Naturgefühls, der Empfindungen, die der Anblick der Natur in uns hervorruft, sie sind

jung und anmutig und verkörpern die Bewegtheit der Seele angesichts der Reize der Natur. Ihr Symbol ist die Ruhe verborgener Täler, der erfrischende Hain in geheimnisvoller Abgeschiedenheit oder die faszinierende Einsamkeit am blumenbestandenen Ufer eines plätschernden Baches. Sie verzaubern und bestricken, sind gefährlich für denjenigen, der sich im Übermaß von ihnen einlullen und verführen läßt. Die Sage erzählt auch, daß ein Sterblicher, der eine Nymphe von Angesicht zu Angesicht sieht, den Verstand verliert. Aus diesem Grund bezeichnete man Wahnsinnige oder Exaltierte als von einer Nymphe besessen. Ebenso wurde von Wahnsinn, von »enthusiastischer Schwärmerei« befallen, wer von einer Nymphe entführt wurde. Nach einem später entstandenen Aberglauben verfiel jeder diesem Wahn aus einer Mischung von Angst und Verlockung, der eine Gestalt aus dem Wasser steigen sah. Die Nymphen stellen alle Facetten der Natur dar, sowohl in bezug auf das Wasser als auch im komplizierten und widersprüchlichen Symbolsystem, das die lebhafte Phantasie der Griechen diesem Element zugewiesen hatte. Das Wasser birgt auch die Vorstellung von Regeneration und Zeugung. Es ist die reinigende Lebensquelle, die den Keim allen Lebens enthält. So entstanden auch Bezüge zur Hochzeit, vor allem zum Brautbad. Es war Brauch, daß jungvermählte Frauen an den Fluß gingen, sich dort wuschen und um Fruchtbarkeit beteten. Dies war Ausdruck des Vertrauens in die zeugende und lebensspendende Macht des Wassers. Bräute nannte man auch Nymphen, denn das Wort bedeutet eigentlich »die Verschleierte« (mit einem Brautschleier), also Mädchen im heiratsfähigen Alter. Ursprünglich waren die Nymphen Halbgöttinnen, und man baute keine Tempel für sie, sondern verehrte sie in Wäldern, Grotten, an Quellen und Brunnen, eben überall dort, wo man sie anwesend glaubte. Später weihte man ihnen auch kleine Tempel, Springbrunnen und Wasserspiele, sogenannte Nymphäen, die auch in den Städten errichtet wurden. Für die Römer bedeuteten die Nymphen etwas anderes. Sie übernahmen nur die äußeren Formen des Kultes, so daß sich die Nymphäen sehr bald in Orte des profanen Vergnügens verwandelten, Räume in den großen Villenanlagen, in denen man körperliche und geistige Erfrischung suchte. Als das Nymphäum jeden religiösen und symbolischen Gehalt verloren hatte, feierte es seinen Einzug in die Stadt Rom, war ein schmückendes Bauwerk, das mit reichem Dekor ausgestattet wurde, so daß dem Betrachter eine Grotte, eine Höhle, der Kontakt mit der Natur vorgegaukelt wurde. Mit großem Geschick schuf man eine künstliche Natur, doch ging dabei die Ursprünglichkeit, die mit der Natur verbundene Gefühlswelt verloren. Das römische Nymphäum war kühl und wohl organisiert, weit entfernt von den Zauberkünsten der Nymphen. In einigen Fällen jedoch tauchte in der Nähe von Quellen und Brunnen der alte Zauber wieder auf.

Das Nymphäum der Egeria

Ein Stich aus dem 19. Jahrhundert mit einer Innenansicht des Nymphäums der Egeria im Triopium *des Herodes Atticus.*

Kann man sich einen lieblicheren Ort für das Liebesgeflüster zwischen Numa Pompilius und der schönen Egeria vorstellen als die Grotte, die nach dieser Nymphe benannt ist und sich inmitten von plätscherndem Wasser, Glyzinien und Schlingpflanzen befindet?

Nirgends erfüllt die Sage den Ort so sehr wie hier, und nirgends symbolisiert der Ort den Mythos besser als hier. Sicher ist,

daß die Grotte der Egeria im Caffarella-Park so gut versteckt und so schwer zu erreichen ist, daß nur wenige Eingeweihte sie finden. Wer sie nach langem Herumirren auf Park- und Waldwegen schließlich doch entdeckt, ist tief beeindruckt. »Es gab einen Hain, der in seiner Mitte durch eine Quelle, die in einer schattigen Grotte entsprang, das ganze Jahr über bewässert wurde. Numa begab sich sehr häufig ohne Zeugen an diesen Ort, um hier angeblich eine Göttin zu treffen. Er weihte den Hain den Camenen, weil diese dort mit seiner Gemahlin Egeria zusammenkämen.«[1]

Sie war das Ziel vieler Reisender, wie etwa Goethe oder Stendhal, und noch heute kann man alles um sich herum ver-gessen und die arkadische Atmosphäre genießen. Der von der dichten Vegetation des Caffarella-Parks verborgene Eingang führt in einen Schrein, dessen Existenz ebenfalls geheimgehalten werden soll, um ein wenig von seinem antiken Mythos zu bewahren.

Zunächst muß man jedoch von der Vergangenheit sprechen, als die Korybanten auf den kühlen Lichtungen im Rhythmus der Trommeln herumwirbelten, begleitet von den ausgelassenen Zurufen aus dem Gefolge der phrygischen Göttin. Wenn der Frühling kam, zogen die Jünger der Göttin Kybele von deren Heiligtum auf dem Palatin zur Mündung des Flüßchens Almo in den Tiber, um dort den heiligen Ritus der

lavatio Matris Deum zu vollführen. »Es gibt einen Ort, wo der schnelle Almo in den Tiber mündet und den Namen dieses größeren Flusses annimmt. Der weißhaarige Flamen [Priester], bedeckt von zinnoberrotem Gewand, dort mit jenem Wasser wäscht er die Göttin und die heiligen Geräte. Es ruft das Gefolge, die Flöte erklingt zügellos, die Hände der Eunuchen schlagen die Trommeln.«[2] Stellen wir uns den Priester der Göttin vor – der Großen Mutter der Götter –, wie er mit Sorgfalt das Kultgerät und den kostbaren schwarzen Stein wäscht, einen Meteoriten aus Pessinus, der für die Menschen in der Antike das Abbild der Göttin war.

Kehrt man in die etwas verwahrloste Gegenwart zurück, so sieht man, wie sich die heilenden und klaren Wasser des Almo in eine tiefe Grube ergießen, in der sich die Ratten tummeln, denn der Fluß hat heute die Funktion eines Abwasserkanals. Dennoch war dieses Tal einst voller kleiner Wälder, Bäche und Weiher, eine bezaubernde Landschaft in idyllischer Stimmung. Ein *locus amoeni,* ein ausgezeichneter Ort für ein Landhaus vor der Stadt. Ein solches baute Herodes Atticus (101–179 n. Chr.)[3], als er bei seiner Heirat den großen Grundbesitz seiner Gattin zwischen dem 2. und dem 3. Meilenstein an der Via Appia und der Via Asinara übernahm. Er war ein begabter Politiker, Philosoph, Rhetor und Mäzen und hatte diese luxuriöse Residenz für seine junge Frau Annia Regilla[4] errichten lassen.

Zu dem Haus gehörte ein weitläufiger Park mit Säulengängen, Tempeln und kleinen Heiligtümern, mit dem eigenartigen Namen »Triopium«, wohl abgeleitet von dem Namen des tessalischen Helden Triopas, der den Demetertempel entweiht hatte.[5] Die ländliche Anlage war den Manen und den Göttern der Unterwelt geweiht, die Annia Regilla schützten. Von dem riesigen Komplex ist heute fast nichts mehr erhalten.[6] Einen Besuch wert ist das sogenannte Nymphäum der Egeria, ein im 2. Jahrhundert n. Chr. errichtetes Bauwerk, das sicherlich eine Besonderheit der Villa war.

Wenn man sich in der feuchten, wassersprühenden Grotte befindet, vergißt man beinahe, daß dies ein von Menschenhand geschaffenes Bauwerk ist, denn die Symbiose mit der Natur ist meisterhaft. Aus den Nischen in den einst mit grünem Marmor verkleideten Wänden, die heute mit Moos bewachsen sind, entspringt das Wasser, das später in die Kanäle weiter unten geleitet wird.

Von den marmornen Wänden, dem Fußboden aus Serpentin, den mit Muscheln und farbigen Mosaiken geschmückten Nischen, den Statuen in den Säulengängen ist nichts mehr zu finden. Die Natur hat sich erneut der Stätte bemächtigt, indem sie Moos und Schlingpflanzen wachsen ließ und all das zerstörte, was der Mensch einst geschaffen hat. Nur der zarte, anmutige Schatten der »von den Musen geliebten Göttin, die die Gattin Numas und seine Ratgeberin war«[7], schwebt noch in der Grotte.

Das Nymphäum der Annibaldi

Mitten in der beeindruckenden Marmormauer an der Via degli Annibaldi befindet sich eine kleine, unscheinbare Eisentür, die uns den Blick auf ein Kleinod der römischen Antike aus rauschenden Wasserspielen versperrt.

Es handelt sich um das Kernstück einer einst prachtvollen Villa.[1] Der Besucher betritt eine vornehme Welt aus erlesenem Stuck, meisterhaft gearbeitetem, vielfarbigem Putz, Glaspasten, Wasserspielen, flüsternden Brunnen und all dem, was sonst das *otium,* das Nichtstun der Wohlhabenden, die hier zu Beginn der Kaiserzeit wohnten, verschönern konnte.

Er steigt eine Wendeltreppe hinab in das *interior terrae,* das Innere des Hügels, und beginnt eine Reise in die Vergangenheit. Schließlich entdecken wir hinter den spärlichen Überresten einer untergegangenen Kultur ein kleines Nymphäum.[2]

Auf dem Weg hinab begleiten einen römische Rundschilde und feine Lisenen, ein Teppich aus Stuckarbeiten, zu Rhombenmustern zusammengesetzte Muscheln, Schilde und Rüstungen, dazwischen Nischen, bis zu einer Apsis, die durch einen modernen Eingriff beschnitten ist.

Vier von ehemals wohl neun Nischen schmücken einen großen Saal mit einem schönen Becken. Statuen und Skulpturen[3] unterbrechen die Brauntöne von Bimsstein und Stuck, ein elegantes Ensemble, das von den lebhaften Reflexen im Wasser beleuchtet wurde. Die Verkleidung des Mauerwerks in *opus reticulatum* aus sehr kleinen Tuffsteinen verrät uns

das Alter dieser Anlage; die künstlerisch bedeutenden Reliefs stammen aus spätrepublikanischer Zeit.

Im Inneren des Nymphäums interessieren den Besucher die historischen Daten jedoch nicht mehr. Der Strom der Zeit hat ihn eingefangen und trägt ihn zurück zum Anfang dieses Mythos, er entdeckt das echte, uralte Nymphäum, den Ort der Nymphen, die das Wesen des strömenden Wassers zu deuten verstanden. Und nun belebt sich der enge Raum wieder mit dem *spiritus loci*. Die Zauberkunst der Nymphen wollte es so, und wehe dem, der sich davon einfangen läßt.

Gegenüberliegende Seite und oben: Details der Apsis des Nymphäums. Der Raum war ursprünglich wohl wesentlich größer (heute fehlt ein Teil infolge moderner Eingriffe) und besaß neun Nischen, von denen nur noch vier vorhanden sind. Außerdem stand hier ein sehr schönes Becken.

Das Auditorium des Maecenas

Unter einem schrägen Dach und hinter einer rauhen äußeren Verkleidung versteckt sich das Auditorium des Maecenas[1] vor den häßlichen Hochhäusern der Umgebung.

Die Stätte scheint gegen den Verkehr und den Lärm rundherum immun zu sein, und sie bietet demjenigen Schutz, der auf der Flucht vor dem modernen Chaos unerwarteterweise in diese archaische Welt aus *horti* und entzückenden Parks eintritt.

Bevor Gaius Clinius Maecenas diesen Ort in die Horti Maecenati verwandelte, sah er völlig anders aus. Ein Hügel aus Tierkadavern, auf dem sich Prostituierte und herrenlose Hunde herumtrieben, eine unerquickliche und ungesunde Atmosphäre. Hier griff Maecenas ein, brachte die Schönheit des Hügels wieder zum Vorschein: »Jetzt kann man hier oben auf des Esquilins gesunder Höhe wohnen,

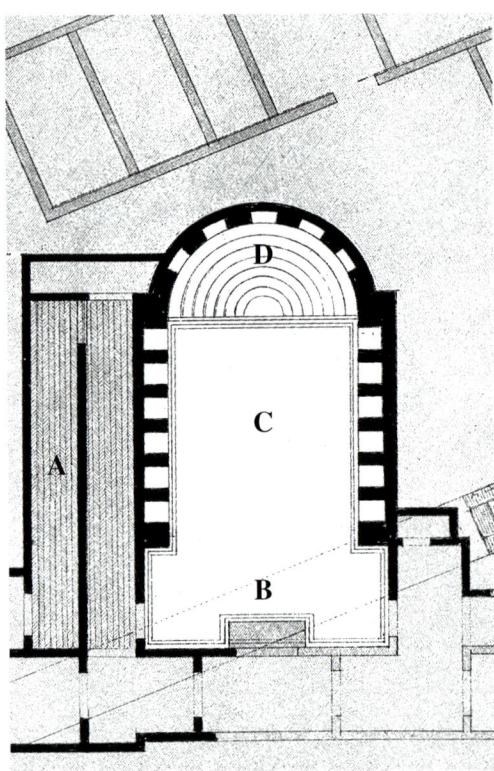

kann auf dem sonnigen Wall spazieren gehn«, schrieb Horaz, »wo kürzlich noch ein grausiges Feld mit bleichen Knochen einen traurigen Anblick bot. Mir freilich macht das Diebesgesindel nicht so sehr Not und Sorge und das Getier, das meistens hier sein Wesen treibt, wie die Weiber, die mit Zaubersprüchen und mit Zaubermitteln der Menschen Ruhe stören.«[2] Die Villa lag inmitten eines zauberhaften Gartens mit zahlreichen verschiedenen Pflanzen, Statuen und Gebäuden, von denen leider nur das Auditorium erhalten blieb. Dies verbirgt die Schönheit seines einstigen Glanzes eifersüchtig hinter einem unscheinbaren Äußeren. Eine Rampe führt hinunter in den Saal mit einer Apsis und langen geraden Seitenwänden. Wir verweilen einen Moment und können uns die Gäste vorstellen, die auf langen Triklinien ruhend das Schauspiel des rauschenden Wassers betrachten.[3] Bezaubernd spielen Leiern und Flöten im Einklang mit dem Wasser, der schleierartige Wasserfall schlägt rhythmisch auf die Stufen aus Cipollino-Marmor auf und fließt dann in den langen Kanal in der Saalmitte.

Hier ist man fern von der hochsommer-
lichen Hitze, und das erlesene Mahl, das
Maecenas seinen vornehmen Gästen
bietet, erfrischt den Körper, während die
Gesänge den Geist erfreuen. Vielleicht
sehen wir auch den fröhlichen Gast, den
Horaz[4] beschreibt, der auf kein Glas des
alten Massikerweins verzichtet und einen
Teil des Tages im Schatten eines Erdbeer-
baums liegt oder an der Quelle, an der das
Wasser einer Nymphe zärtlich flüstert.
In dem farbenfrohen Panorama der ge-
malten Pflanzen erscheint uns auch der
Zuschauerraum mit seinen mit Blumen

*Oben: Eines der erhalte-
nen Skulpturenfrag-
mente. Die meisterhafte
Ausführung bezeugt den
Reichtum der Villa und
der Horti Maecenati.*

*Links: Detail der bemal-
ten Apsiswände: Hinter
flachen Zäunen öffnen
sich mit Brunnen ge-
schmückte Gärten.*

geschmückten Wänden wie ein Abbild lieblicher Natürlichkeit. Pompejanisch-rot und -blau bilden den Untergrund der lebendig gemalten Pflanzen, Vögel und Früchte. Ein üppiges, buntes Fresko[5] bedeckt die Wände mit einem Wirbel von Farben und Vitalität, von dem jedoch leider schon viel zu viel verloren ist.

Doch gibt es noch weitere Überraschungen. Während man das braune Band des Frieses betrachtet und die bezaubernden Gärten für eine Weile ignoriert, steigt aus der Tiefe des schwarzen Untergrunds ein Ballett leichter, hauchzarter Gestalten auf, Satyrn und Mänaden, mit dem Pinsel leicht hingetupft. Sie tauchen aus dem abgeblätterten Putz auf, langsam zeichnen sich die Gesichter ab, ihre Gesten, Ge-

wänder, Bewegungen. Eine Ziege sträubt sich heftig gegen Pan, der sie opfern will, ein Silen erscheint auf einem Eselsrücken tanzend, seitlich sieht man den wilden Tanz der Bacchantinnen. Das Bacchusgefolge[6] bewegt sich im Rhythmus einer Doppelflöte, die im endlosen Konzert die verstecktesten Saiten unserer Seele zum Schwingen bringt.

Aber vielleicht bedarf es einer Art Initiation, einer Einweihung in die Dionysos-Mysterien, um diese Bilder wirklich zu verstehen.

Der Besucher dringt ein in die Geheimnisse ihrer Welt, ihre Fähigkeit, sich aus der Kraft der Natur zu regenerieren, ihre Geburt und Wiedergeburt, ihr geheimnisvolles Inneres. Danach könnte er am

Symposium teilnehmen, die tiefsten Inhalte dieses Ritus erfassen, in seine Sphäre eindringen; alles wäre ihm dann verständlicher, auch das Epigramm des Callimachus an der Außenwand der Apsis: »Wenn ich vorsätzlich berauscht vor dich hintrete, dann tadle, oh Archinos, war es jedoch ohne es zu wollen, dann habe

Verständnis für meine Kühnheit. Wein und Liebe hielten mich, der eine drängte mich, die andere ließ nicht zu, daß ich jene Kühnheit gehen ließ. Und als ich kam, verstand ich nicht, wer er war und wessen Sohn, aber ich küßte die Schwelle, und wenn dies eine Schuld ist, dann bin ich schuldig.«

Die Wand am Ende des Vestibüls. Hier sind viele der Skulpturenfragmente angebracht, die bei den Ausgrabungen gefunden wurden.

DAS HEILIGTUM

Der Begriff »Heiligtum« stellt heidnische und christliche Bauwerke aufgrund ihres gemeinsamen kultischen Hintergrunds auf eine Ebene. Sicherlich handelt es sich dabei um eine fragwürdige Systematisierung. Sie erweist sich jedoch als nützlich, wenn man sich den Tempeln, Titelkirchen und Heiligtümern mit Blick auf das spezifisch religiöse Element der römischen Kultur nähert: angefangen bei den traditionellen heidnischen Anlagen mit Tempeln über die mehrteiligen Ensembles der orientalischen Heiligtümer bis zu den Titelkirchen der christlichen Zeit. Die Darstellung erfolgt von den strikt traditionellen, an das heidnische Pantheon angelehnten Formen über die komplexeren und »krisengezeichneten« Bedürfnisse der orientalischen Religiosität bis zum Christentum. Anhand einiger ausgewählter Beispiele werden die Etappen der Entwicklung und der geschichtlichen Kontinuität bis zur monotheistischen Religion mit all ihren architektonischen und formalen Begleiterscheinungen veranschaulicht.

Vorhergehende Seiten:
Detail des Mosaiks über
dem Freskenband an der
linken Wand des Hypo-
gäums in der Via Livenza
und ein Dekorations-
element des unterirdi-
schen Komplexes von San
Martino ai Monti.

Gegenüberliegende Seite:
Zugangstreppe zu dem
unterirdischen Komplex
von San Martino ai
Monti.

Links: Weihwasserbecken
in einem unterirdischen
Raum von Santa Cecilia
in Trastevere.

Die »Area Sacra« am Largo Argentina

Am Rand des Stadtbezirks Pigna verbarg einstmals eine Gruppe mittelalterlicher Häuser, Adelspaläste und Kirchen einen antiken unterirdischen Kern. Er wurde 1918 zufällig beim Bau eines großen, modernen Gebäudes entdeckt, der glücklicherweise nie zu Ende geführt wurde. Zum Vorschein kam ein unter dem Straßenniveau liegender Platz, der mit zahlreichen Säulen geschmückt und von Bäumen gesäumt ist. Wegen seiner Lage am Largo Argentina erhielt der Bezirk den Namen »Area Sacra di Largo Argentina«.

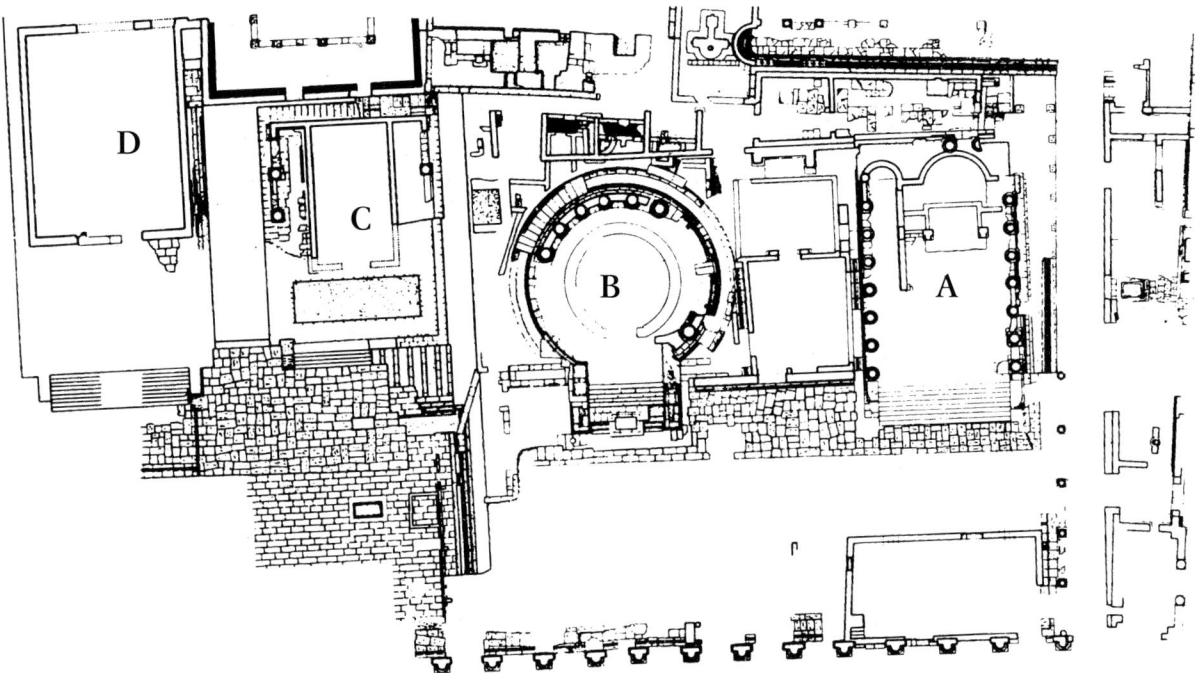

Vorhergehende Seite: Im
Vordergrund befindet sich
der Rundtempel B mit
seinem kreisförmigen
Säulenring, der von
einigen Forschern der
Fortuna Huiusce Diei
(Glücksgöttin des heuti-
gen Tages) zugewiesen
wird.

Unten und gegenüber-
liegende Seite: Die unterirdischen Gänge unter
dem Tempel A, der als
zweiter errichtet wurde
und sehr wahrscheinlich
ein Tempel der Quell-
nymphe Juturna war.

Ein Ensemble von vier Tempeln mit der entsprechenden Anzahl vorgelagerter Altäre im Chaos des ohrenbetäubenden Verkehrslärms lädt dazu ein, sich auf die weniger hektische Vergangenheit zu besinnen, die von einer tiefen Religiosität durchdrungen war. A, B, C und D sind die Bezeichnungen für die Tempel, da letztlich noch nicht gesichert ist, welche Gottheit in ihnen verehrt wurde.

Tempel C ist der älteste. Er geht auf das Ende des 4. oder den Anfang des 3. Jahrhunderts v. Chr. zurück und ist der dritte in der Reihe, vom Largo Argentina aus gesehen. Mit seinem Podium aus Tuffstein bewahrt er in den Proportionen noch den archaischen Typus des *sine postico* (d. h. ohne Säulen an der Rück-

seite der Cella). Einige Wissenschaftler weisen ihn Feronia zu, einer altrömischen Göttin, die in einem Tempel am Fuße des Berges Soratte weissagte.

Danach wurde der Tempel A errichtet. Er ist der erste von rechts, zwischen dessen Säulen sich die Absiden der kleinen mittelalterlichen Kirche San Nicola de Calcario erhalten haben. Da es sich um einen hexastylen Peripteros handelt, kann man ihn sehr wahrscheinlich als einen Tempel der Juturna ansprechen, der 241 v. Chr. von Gaius Lutatius Catulus nach der siegreichen Seeschlacht über die Karthager bei den Ägadischen Inseln gegründet wurde.

Der letzte in der Reihe und der drittälteste ist der Tempel D, der dem Blick

teilweise durch die Straßenführung der
Via Florida verborgen bleibt. Er ist aus
Travertin erbaut und wird als Kultstätte
der *lares permarini,* der Schutzgottheiten
der Mereswege, bezeichnet.

Tempel B, der größte und schönste von
allen, durchbricht mit seinem Säulenring
die strenge Rechteckform der anderen
Tempel.[1] Zu ihm gehören die Reste eines
kolossalen Akrolithen mit weiblichen
Zügen, den man der Fortuna Huiusce
Diei (der Glücksgöttin des heutigen
Tages) zugeschrieben hat. Den Tempel
ließ Quintus Lutatius Catulus, der im Jah-
re 101 v. Chr. zusammen mit Gaius Marius
Konsul war, anläßlich des Sieges über die
Cimbern bei Vercellae errichten.

Die Kultanlage der »Area Sacra« faßt
einige bedeutende, ursprünglich isoliert
stehende Tempel der republikanischen
Zeit zusammen. Obwohl ihre geweihte
Atmosphäre im Laufe der Jahrhunderte
mehrfach gestört wurde[2], konnte sie dennoch ihren sakralen Charakter bewahren.
Alle diese Bauwerke haben im Laufe der
Zeit verschiedene Umbaumaßnahmen
und Eingriffe erfahren, wodurch ihre
jeweilige architektonische Struktur stets
sichtlich verändert wurde.[3] So verbergen
sie oftmals in ihrem tiefsten Inneren
Altäre, Fußböden, Podien und *favissae*
(Ablagestellen für Weihegaben), als ob sie
diese vor neugierigen Blicken schützen
wollten. Zwischen den kargen Wand-
flächen aus Tuffstein hüten sie ihr Inner-
stes durch Labyrinthe aus unterirdischen
Gängen, die sich plötzlich und unerwartet
zu einem Raum erweitern.[4]

Die drei Tempel
am Forum Holitorium

Hülsenfrüchte und Gemüse bildeten die Grundlage der Ernährung der Römer, besonders der weniger wohlhabenden. Die vegetarische Kost war so verbreitet, daß Plautus in einer seiner Komödien sogar einen Koch auftreten läßt, der sich bei seinen Kollegen über die Behandlung der Tischgäste beklagt, denen wie Kühen nur Grünzeug vorgesetzt würde.

Martial wiederum beschreibt in ironischer Weise Romulus, dem es noch im Jenseits möglich ist, sich von Rüben zu ernähren, während Ovid[1] der Zeit mit einem scharfen Urteil vorauseilt, daß es ein Verbrechen sei, die eigene Tafel mit dem Fleisch von Tieren zu beladen, wenn man einen Garten hat, der so viele Früchte der Erde hervorbringt.

Fast alle Römer besaßen einen kleinen Gemüsegarten, um ihre Nahrung anzubauen. Was der Garten nicht hergab, kaufte man auf dem Forum Holitorium ein.[2] Dieser Gemüsemarkt lag in der Nähe des Tiberhafens und erstreckte sich zwischen den Hängen des Kapitols, dem Marcellus-Theater und dem Tiber außerhalb der servianischen Stadtmauer.

Die kommerzielle Bedeutung dieses Bereichs wurde durch die angrenzenden öffentlichen Getreidespeicher und das Forum Boarium (Rindermarkt) noch gesteigert. Möglicherweise war der Rindermarkt mit einem Bronzestier aus Ägina geschmückt. Das Forum Holitorium hingegen verfügte über einen Elefanten aus Marmor, der wegen seines Standortes als *elephas herbarius* (Kräuterelefant) bezeichnet wurde.

Bereits gegen Ende der Republik änderte sich die ursprüngliche Funktion des Forum Holitorium. Es wurde in einen monumentalen Platz verwandelt und mit Tempeln und Säulenhallen ausgestattet. Anläßlich der Einweihung des Marcellus-Theaters erhielt es eine moderne Bodenpflasterung aus Travertinplatten. Drei große, nebeneinander aufgereihte Tempel schlossen die Westseite des Forums ab. Der erste, ein dorischer Peripteros von bescheidenen Ausmaßen, war rund-

Jean Barbault (1705–1766), Ruinen des *Forum Holitorium, Aquarell.*

herum von Säulen umgeben.[3] Der mittlere Tempel war ebenfalls ein hexastyler Peripteros, allerdings in ionischer Ordnung.[4] Der dritte, an der Frontseite ebenfalls hexastyle Tempel vereinte die ionische Ordnung mit einem römischen Bautypus, ein sogenannter *peripteros sine postico* (ohne Säulenreihe auf der Rückseite).[5] Es ist schwierig, jeden der drei Tempel zu benennen, aber vermutlich handelt es sich um die Tempel der Spes (der Hoffnung), der Juno Sospita (der Retterin) und des Janus (Gott der Tordurchgänge), die alle drei in der antiken Literatur genannt werden.

Dieselben Quellen erwähnen den Tempel der Pietas (Barmherzigkeit), der von Manius Acilius Glabrio aufgrund eines anläßlich der Schlacht bei den Thermopylen (191 v. Chr.) abgelegten Gelübdes gebaut wurde. Der Tempel wurde zwischen 191 und 181 v. Chr. errichtet und später zerstört, um dem Marcellus-Theater Platz zu machen.

Mit diesem Tempel verbindet sich eine Legende, die die Entstehung des Toponyms *in carcere* (im Kerker) erklären kann, das der Kirche San Nicola beigefügt ist. San Nicola birgt die genannten Tempel in den unterirdischen Stützmauern ihrer Wände noch in sich. Plinius erzählt die zugrundeliegende Geschichte wie folgt: »Eine Wöchnerin, von einfachem Stande und daher unbekannt, hatte

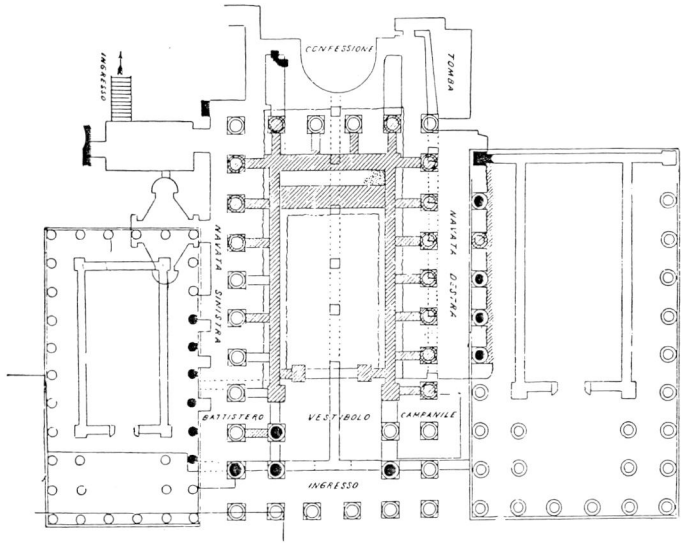

INGRESSO

Grundriß des heiligen Bezirks mit den drei nebeneinanderliegenden Tempeln. Es ist deutlich zu erkennen, daß die Kirche San Nicola in Carcere die Mauern des mittleren Tempels umschließt und mit den Außenwänden der Seitenschiffe die äußeren Säulenreihen der beiden anderen Tempel überlagert.

die Erlaubnis erhalten, ihre Mutter zu besuchen, die zum Hungertode im Kerker eingeschlossen war; sie wurde stets vom Türhüter untersucht, ob sie keine Lebensmittel bei sich trüge, und man ertappte sie endlich dabei, wie sie ihre Mutter an ihren Brüsten nährte. Für dieses wunderbare Verhalten wurde ihre liebende Hingabe mit der Begnadigung der Mutter belohnt, und beide erhielten lebenslänglich ihren Unterhalt; der Ort selbst wurde der Göttin der Kindesliebe geweiht, worauf unter den Konsuln C. Quinctius und M. Acilius an der Stelle jenes Gefängnisses dort ein Tempel errichtet wurde, wo jetzt das Marcellus-Theater steht.«[6]

Die Legende ist griechischen Ursprungs und hat das ganze Mittelalter überdauert. Sie war so weit verbreitet, daß sie zahlreichen Schriftstellern und Malern als Inspirationsquelle diente.

Durch die Krypta unter dem Hauptaltar von San Nicola in Carcere gelangt man in den unterirdischen Bereich. Die Kirche ruht auf dem mittleren Tempel, und ihre Seitenschiffe erstrecken sich über die Zwischenräume zwischen den Tempeln, so daß sie mit ihren Außenwänden die äußeren Säulenreihen der beiden anderen Tempel erreichen.[7]

Unter dem linken Seitenschiff läßt ein langer Gang auf der rechten Seite den hohen Unterbau der sechs dorischen Säulen des Tempels erkennen, der der Spes zugeschrieben wird, während auf der linken Seite die Fundamente des mittleren Tempels sichtbar sind. Der Weg, der gewissermaßen zwischen den beiden Gebäuden verläuft, weist bei näherem Betrachten alle Reize der Tempelarchitektur mit der harmonischen Sequenz der Räume, der Säulenfolge, der aufgereihten Basen auf. Ein Weg für Kenner, der vor allem von den Renaissancekünstlern geschätzt wurde, die sich dem Studium der antiken Ruinen mit eigenen Forschungen und Berechnungen widmeten.[8]

In der Mitte der linken Wand befindet sich eine *cella trichora* (Dreikonchenanlage), die wegen ihrer eigentümlichen Formgebung in späterer, vielleicht byzantinischer Zeit errichtet worden zu sein scheint.[9] Der lange Raum unter dem Mittelschiff zeigt die Basen des mittleren Tempels und birgt in seinem Inneren die *favissae* der antiken Kultstätte. Schließlich gibt der dritte Gang die Sicht auf die gesamte Seitenwand des römisch-ionischen Tempels mit den sieben Basen der in die rechte Wand der Basilika integrierten Säulen frei.

Das Heiligtum der syrischen Götter auf dem Gianicolo

In der Nähe einer Quelle, die von einer der Furrinischen Nymphen beseelt war, sind die Überreste eines mysteriösen und rätselhaften Heiligtums syrischer Provenienz zu erkennen.[1] In dem heiligen Hain der Nymphe Furrina entwickelte sich an den Hängen des Gianicolo ein Kult, der aus dem Orient gekommen war und von dem dämonischen und rachsüchtigen Geist der Furrina genährt wurde.[2] Der unheilvolle Ort, der sowohl von dem Schrecken seines *genius loci* als auch von traurigen und gleichzeitig beunruhigenden Verbrechen gezeichnet war[3], wurde während einer Ausgrabung im Jahre 1906 entdeckt, bei der mindestens drei Bauphasen deutlich wurden.[4] Heute ist nur noch die letzte sichtbar.

Die ausländischen Gemeinschaften der Sklaven, Freigelassenen und reich gewordenen Kaufleute brachten ihre Riten und Kultgeräte auf das andere Ufer des Tibers, weit weg von den offiziellen Kultstätten und den institutionalisierten Gottesdiensten. Sie belebten das traditionelle Pantheon durch die Vielfalt der Mysterienkulte. In der Regio XIV (Trastevere) fanden die transzendentalen Bestrebungen des Orients mit ihren Erlösungssehnsüchten, ihren Todes- und Auferstehungsvorstellungen Aufnahme. Ob es sich nun

Axonometrische Rekonstruktion des syrischen Heiligtums auf dem Gianicolo. Gut zu erkennen sind die drei Teile, aus denen es sich zusammensetzt: die Hauptaula über basilikalem Grundriß, der Innenhof und das mit einer Vorhalle versehene Gebäude mit oktogonalem Grundriß.

um Isis oder Dionysos, um Mithras oder Atargatis handelte, in ihrer synkretistischen Vermischung fanden sie eine Heimat in Rom.

Der Tempel hatte ursprünglich die Form eines *temenos* (heiliger Bezirk) mit einem heiligen Teich oder einem Kultbassin.[5] Der anschließende Umbau war das Werk des Marcus Antonius Gaionas[6], eines reichen und freigebigen syrischen Händlers. Der Abriß oder eher noch ein Brand zerstörten das Heiligtum, das in neuer Form und etwas anderer Orientierung in einer dritten Phase, der heute sichtbaren aus dem 4. Jahrhundert n. Chr., wiedererrichtet wurde.

Das Gebäude muß sich, gegliedert in drei unterschiedliche Baukörper, im Inneren[7] als geschlossener Organismus präsentiert haben: in der Mitte ein Innenhof, im Westen ein Bauteil mit basilikalem Grundriß und im Osten eine Anlage mit oktogonalem Grundriß.

Eine rätselhafte, um acht Grad zwischen den Außenwänden und den schmaleren Innenwänden verschobene Ausrichtung hat die Achse des Tempels nach Osten hin korrigiert, d. h. gemäß der religiösen Tradition in Richtung des Sonnenaufgangs.[8] Der Hof trennte die beiden Hauptkulträume voneinander, von denen der basilikal angelegte den öffentlichen Liturgien diente, während der oktogonale vermutlich den Mysterienkulten vorbehalten war. Das basilikaförmige Gebäude, das einer dreischiffigen Kirche ähnelt – wobei das Mittelschiff höher und breiter ist als die beiden Seitenschiffe und alle drei Schiffe

mit Nischen ausgestattet sind –, läßt vermuten, daß in ihm drei Gottheiten verehrt wurden. Und weil in der Nähe der Zentralapsis eine große, kopflose, auf einem Thron sitzende Statue gefunden wurde, die aufgrund von Vergleichen mit anderen Götterbildern der syrischen Kultur als Jupiter von Heliopolis (Hadad oder Jupiter Serapis) bezeichnet werden kann, ist nicht auszuschließen, daß die beiden anderen dort verehrten Götter diejenigen

Die Wand des Narthex der Basilika besteht aus Schichtmauerwerk mit unregelmäßigen Bruchtuffsteinen. In der hinteren Wand sind drei Nischen sichtbar.

Gesamtansicht der aula *der Basilika vom Innenhof aus. Im Hintergrund lassen sich gut die Nischen erkennen, die wahrscheinlich dazu bestimmt waren, die Statuen der Trias von Heliopolis aufzunehmen (Hadad oder Jupiter Serapis; Atargatis, die Dea Syria der Römer; Simios, der als Merkur romanisiert und als solcher mit Dionysos assoziiert wurde).*

waren, die die Göttertriade von Helio-polis vervollständigten: Atargatis (die Dea Syria der Römer) und ihr Sohn Simios, der als Merkur romanisiert und als solcher mit Dionysos assoziiert wurde.

Ein seltsamer Gründungsritus muß am Anfang dieses Kultes gestanden haben, denn in einer Vertiefung unter der Nische des Jupiter-Hadad wurde ein Schädel ohne Zähne und Unterkiefer gefunden, der nach seiner Entdeckung auf myste-riöse Weise verschwunden ist.

Aber alle Geheimnisse dieses Heiligtums sind damit noch nicht aufgezählt. In der Kämpferzone der kleinen, nach Osten ausgerichteten Kapelle wurden eine ägyp-tische Statue aus schwarzem Basalt (ur-sprünglich in der Apsis) und eine Diony-sosstatue gefunden, deren Hände und Gesicht vergoldet sind. Außerdem ent-deckte man eine seltsame kleine Bronze-statuette, die sorgfältig – auf dem Rücken liegend – im Inneren eines dreieckigen Altars deponiert worden war. Der Bronze-jüngling ist in ein enges Gewand gehüllt und siebenfach von einer Schlange um-wunden, die ihren Kopf auf das Haupt der Statuette legt. Bei der Ausgrabung wur-den zwischen den Schlangenwindungen sieben Eier[9] in einer sicherlich symbo-lischen Anordnung gefunden.[10] Es ist bis heute nicht klar, wer hier dargestellt wor-den ist.

In diesem entlegensten und verborgen-sten Teil[11] des Heiligtums vollzog sich in einer dunklen und düsteren Atmosphäre die Initiation der Neophyten[12] (in die Kultgemeinschaft Eintretende).

San Crisogono

Unten: Detail eines der Fresken, die an der Nordwand gefunden wurden. Der Zyklus mit Szenen aus dem Leben des heiligen Benedikt entstand im 10. Jahrhundert n. Chr.

Gegenüberliegende Seite: Ansicht der linken Seite des Apsidialkomplexes des antiken titulus *mit der Krypta und der Reliquienkammer.*

Die weitläufige auf dem rechten Tiberufer gelegene Regio XIV (Trastevere) wurde vorwiegend von Juden, Syrern und einer zweifellos sehr gemischten – größtenteils fremdländischen – Bevölkerung aus den unteren und mittleren Schichten bewohnt, die an kommerzielle Tätigkeiten und die Instandhaltung des Hafens gebunden war. Die soziale Struktur dieses Stadtteils war der Entwicklung der neuen religiösen Erwartungen des christlichen Ökumenismus in hohem Maße förderlich. Versammlungen und religiöse Andachten fanden in den Häusern reicher Großgrundbesitzer statt, die diesen frühen Gemeinden einen Teil oder manchmal sogar ihren gesamten Wohnsitz zur Verfügung stellten. Trastevere erinnert an seine christliche Berufung in den antiken Namen, in den Tituli seiner antiken Basiliken, und legt mit der Vielfalt der unterirdischen Kultstätten Zeugnis von den Spuren einer reichen und mannigfaltigen frühchristlichen Antike ab.

Als im Jahre 1907 die Trinitarierpater L. Manfredini und C. Piccolini bei Grabungen unter der Sakristei von San Crisogono eine halbkreisförmige Mauer entdeckten, wußten sie nicht, daß sie eines der ungewöhnlichsten und interessantesten Beispiele einer frühchristlichen Basilika zutage förderten. Glücklicherweise folgten

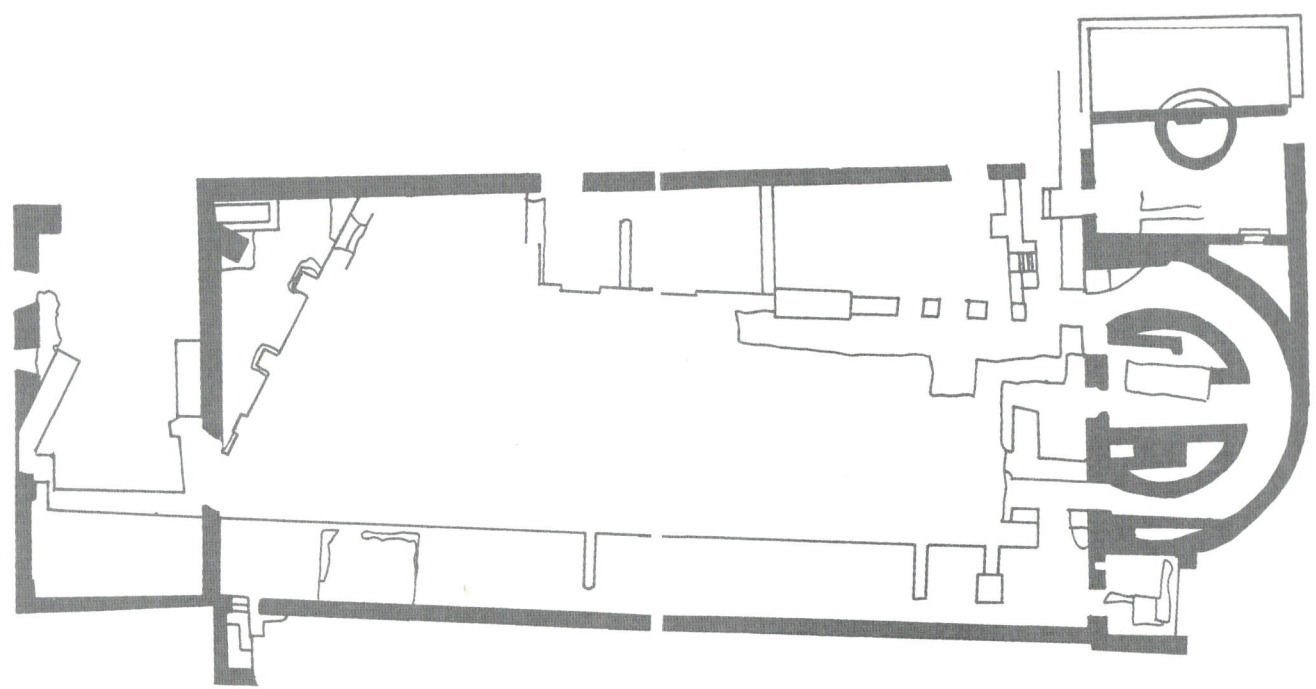

Oben: Grundriß der Basilika. Gut erkennbar sind der Narthex, die Apsis mit Krypta und hufeisenförmigem Gang sowie die beiden pasto-phoria *(Diensträume).*

Rechts: Teil der Apsis-wand.

Gegenüberliegende Seite: Detail der Fresken mit der Darstellung des Kreuzes an der Nordwand (etwa 10. Jahrhundert).

auf diese erste Sondierung weitere Untersuchungen, bis unter der heutigen Basilika in etwa sechs Metern Tiefe die Reste der ursprünglichen Kirche und eines Bauwerks aus der späten Kaiserzeit auftauchten[1], auf dem sie gegründet wurde. Nach und nach kam bei den Ausgrabungen folgendes ans Licht: ein prächtiger intarsierter Marmorboden, die Schranke eines Presbyteriums und eine *schola cantorum* (Sängertribüne). Die Funde halfen dabei, die Begrenzungslinien eines einschiffigen Kirchengebäudes[2] (ein seltenes Beispiel in Rom) mit Portikus und Apsis nachzuzeichnen.[3] Diese Bauform ist nicht nur wegen des einzelnen Schiffes ungewöhnlich, sondern vor allem wegen der beiden die Apsis umschließenden Räume, die eindeutig orientalischer Prägung sind. Sie wurden »Pastophorien« genannt und hatten die Funktion von Diensträumen. Der rechte Raum war vermutlich eine Art Sakristei, der linke die Prothesis, die zur Aufbewahrung der Reliquien bestimmt war.[4] Tatsächlich aber scheint der Fund mehrerer Bassins im letztgenannten Raum dessen Funktion als Aufbewahrungsort für Reliquien zu widersprechen. Im Ausgrabungsbericht wurden in der Tat ein Becken von »ungewöhnlicher Form [das heute noch sichtbar ist], das von der südlichen Wand des Raumes durchschnitten ist, und weitere große rechteckige Becken, die ein kommunizierendes System von Wasserbehältern [die heute nicht mehr vorhanden sind] mit Abflußkanälen bilden, die in eine große Senkgrube

führen«[5], erwähnt. Diese älteren Bauteile haben zu der für ein Stadtviertel mit volkstümlich-kommerzieller Besiedlung sehr wahrscheinlichen Hypothese geführt, der Saal sei in der Antike eine *fullonica* (Wäscherei und Färberei) gewesen. Gegen diese Annahme wandten sich jedoch die Wissenschaftler, die in dem zur Hälfte von der Südwand des Raumes durchschnittenen Bassin[6] ein Immersionstaufbecken zu erkennen glaubten. Es ist auch nicht ausgeschlossen, daß beide Funktionen nebeneinander bestanden bzw. sich eine Verwendungsweise an die andere anschloß.

Als die Basilika erbaut wurde, erhielt der linke Raum durch Fenster- und Türöffnungen seine monumentale Form. Die rechteckigen Becken wurden zugeschüttet und das mittlere prachtvoll mit Marmor verkleidet, vielleicht um den Saal in ein Baptisterium zu verwandeln. Dort tauchten die ersten Gläubigen beim christlichen Initiationsritus, der Taufe, in das Taufbecken ein.

Die Domus erhielt ihren Namen nach Crisogono, dem *conditor tituli* (Gründer der ersten Kirche), der anscheinend weder ein Heiliger noch ein Märtyrer war, sondern nur einer der vielen Großgrundbesitzer, die ihren Wohnsitz zur Aufnahme der ersten Religionsgemeinschaften der frühchristlichen Zeit zur Verfügung stellten.[7] Dennoch wurde aus dem *titulus Chrysogoni*[8] schon bald der *titulus Sancti Chrysogoni* und verlieh damit dem Titular neben dem Ansehen die Aura der Heiligkeit.

Der Abstieg in die unterirdischen Kammern dieses antiken *titulus* ist für den Besucher sehr bewegend. Eine kleine Treppe führt in den hufeisenförmigen Gang, der unter der Apsis verlief und die Krypta bildete. Der langgestreckte Arm dieser Konfessio (die Kammer vor dem unter dem Altar liegenden Grab eines Heiligen oder Märtyrers) war vollständig mit Malereien dekoriert, wovon heute nur noch drei hieratisch stehende Heiligenfiguren[9] von guter künstlerischer Qualität zeugen.

Gegenüberliegende Seite: Detail der Fresken an der Nordwand.

Oben: Seitenansicht eines der Sarkophage, die im linken Teil der aula *stehen, mit der Darstellung einer Sphinx.*

Unten, rechts und folgende Doppelseite: Einer der schönsten Sarkophage vor der Sakristei mit einem Hochrelief, das einen Zug von singenden und musizierenden Tritonen und Nereiden (Meerwesen) darstellt.

Dieser Zustand ist auf einen Eingriff Papst Gregors III. (731–741) zurückzuführen, der die Basilika durch umfangreiche Restaurierungsmaßnahmen verändern ließ: Das Presbyterium wurde um 1,60 Meter erhöht[10], das Dach instand gesetzt und die Wände mit Fresken geschmückt. Im oberen Teil kann man noch die gemalte Unterteilung der Apsiswand durch in Rauten eingefaßte Kreise und andere geometrische Muster erkennen.

In der Krypta lag der Reliquienschrein, das eigentliche Zentrum der religiösen Verehrung. Hier konnten die Gläubigen durch zwei *fenestellae confessionis* (Öffnungen in der Wand zwischen der Konfessio und der Reliquienkammer) mit weißen Tüchern an langen Stöcken über den Reliquienschrein streichen, um so des Schutzes und der Fürbitte des Heiligen teilhaftig zu werden. Setzt man den Weg fort, sieht man einige Sarkophage, die die Nutzung bestimmter Bereiche der Basilika als Bestattungsort belegen.[11] Wenn man durch das untere Kirchenschiff geht, entsteht leicht der Eindruck, es handle sich um drei Schiffe, da die Gänge durch die Wandfundamente der oberen Kirche geteilt sind. Die unebenen Wände weisen hier und da Spuren von Fresken auf. An der rechten Wand, nicht weit von der Rückwand, kann man mit Mühe die Reste eines kleinen Zyklus erkennen, der Szenen aus dem Leben des heiligen Benedikt wiedergibt. Man kann mit Sicherheit davon ausgehen, daß auch die anderen Räume der Basilika mit Fresken ausgeschmückt waren.[12]

Santa Cecilia in Trastevere

Santa Cecilia in Trastevere kann als illustratives Beispiel für die stratigraphische Überlagerung der verschiedenen, zeitlich aufeinanderfolgenden historischen Perioden betrachtet werden – ein wahres Palimpsest von Spuren aus verschiedenen Jahrhunderten. Die älteste Schicht, die 1899 bei Instandsetzungsarbeiten in der Krypta zutage kam, war ein Wohnhaus aus republikanischer Zeit, das so lange erweitert

und umgebaut wurde, bis ein anderes Haus aus derselben Periode schließlich in seinen Grundriß integriert wurde.

Die baulichen Veränderungen, die von der republikanischen Zeit bis in das 4. Jahrhundert n. Chr. erfolgten, verwandelten den ursprünglichen Grundriß der Anlage so stark, daß einige Forscher annahmen, der Komplex sei im Bereich der kommerziell-handwerklichen Nutzung im Viertel von Trastevere anzusiedeln. Die acht Ziegelsteinbecken in einem der Räume bestärkten diese Hypothese noch. Man hat aufgrund der Informationen, die man den beiden aus vorkonstantinischer Zeit stammenden Katalogen – dem *Curiosum* und der *Beschreibung der Regionen* – entnehmen kann, vermutet, daß es sich um eine *coriaria,* d. h. um eine Gerberei handelte. Die Regio XIV hatte darüber hinaus seit republikanischer Zeit einen betont kommerziellen Charakter entwickelt.

Die Nähe zum Fluß und die Erweiterung des neuen Hafens am Emporium hatten die Niederlassung vor allem von Handwerkern, Kleinhändlern, Müllern (es gab zahlreiche Mühlen entlang des Flusses), Arbeitern und Immigranten orientalischer Herkunft gefördert, wobei die jüdische Gemeinde zweifellos die größte war.

Die bislang erfolgten Untersuchungen und Detailstudien – einschließlich der allerjüngsten – gestatten es leider nicht, das schwierige Problem der Identifizierung einiger dieser Räume mit dem Haus, in dem das Martyrium der Heiligen Cäcilie stattgefunden haben soll, zu lösen. Die Existenz einer Fußbodenheizung (*hypo-*

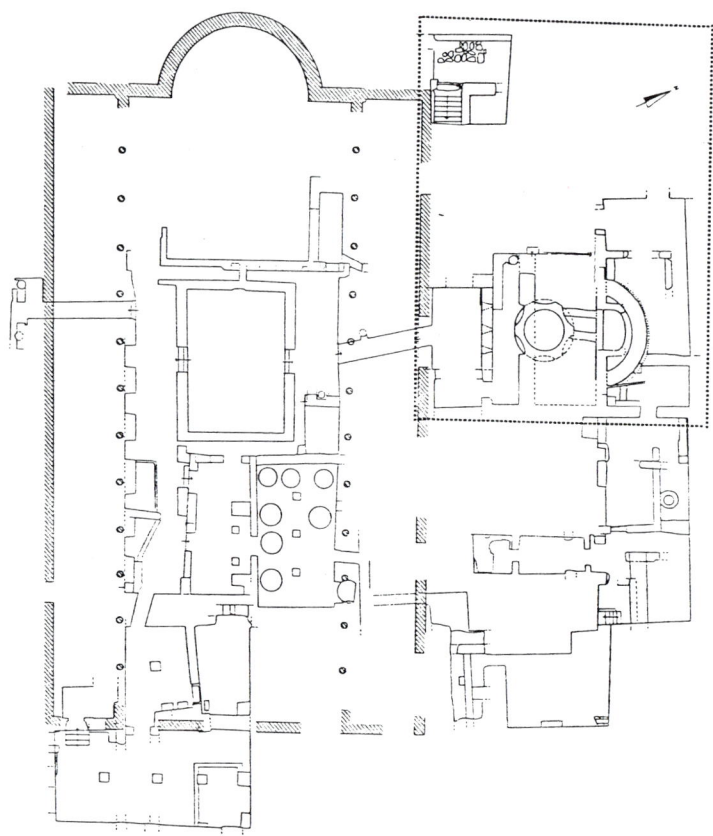

Oben: Grundriß der architektonischen Anlage mit der Basilika.

Unten: Detail eines Mosaiks.

kaustum) im Balneum Caeciliae reicht nicht aus, um die Überlieferung glaubhafter zu machen, vor allem weil die diesbezügliche *passio* frühestens auf das späte 5. Jahrhundert n. Chr. zurückgeht und deshalb nicht als zuverlässige historische Quelle angesehen werden kann.

Unbestreitbar ist jedoch die Existenz einer christlichen Gemeinde – in diesen inzwischen miteinander verbundenen Räumen (um das 4. Jahrhundert n. Chr.) – oder besser gesagt der *tituli,* die ihren Namen von der Gründerin übernommen haben.

Eine neuere Studie hat die dauerhaften Beziehungen zwischen der Heiligen und einem heidnischen Kult archaischer Herkunft herausgearbeitet, der in der Umgebung der Basilika lokalisiert wurde: dem Kult der Bona Dea. Das besondere Merkmal dieser Gottheit war ihre Fähigkeit zur wohltätigen Heilung von Kranken. Ihr bekanntester Beiname war *Oclata, restiturix luminum.* Diese Kraft zur Wiederherstellung des Augenlichts hat es erstmals gestattet, bezugnehmend auf den Begriff *cecità* (Blindheit), eine direkte Verbindung mit dem Namen der Heiligen herzustellen. Schließlich konnte man mit Hilfe einiger Gebete, die im Altertum in der Basilika gesprochen wurden und in denen Begriffe wie etwa *restitutor* vorkommen, eine Art Anverwandlung der Eigenschaft der heidnischen Gottheit an die christliche Heilige nachvollziehen.[1]

Von der Sakristei aus betritt man den unterirdischen Teil, der in einen weiten, als Peristyl der Domus Caeciliae gedeuteten Raum führt. Die verschiedenen Mauerstrukturen verraten die beständigen Umbauten und Neugestaltungen.

Eine düster-archaische Atmosphäre, die durch die Ausstattung mit ringsum aufgehängten Inschriftentafeln, Skulpturen, Säulenschäften und Fragmenten betont wird, charakterisiert den Raum als kleines

antiquarium. Man geht weiter durch ein Labyrinth aus Räumen und Gängen, die durch Mauern, Pfeiler und Wandstücke miteinander verbunden sind, was symptomatisch für die unüberschaubare Bauentwicklung ist. Auch der aus mehreren unterschiedlichen Schichten bestehende Fußboden trägt zur Verwirrung bei. Beginnend mit einer komplizierten geometrisch-polychromen Struktur, gelangt man über einen herkömmlichen Bodenbelag in *opus spicatum* zu einem raffiniert-eleganten Tesselatum.

Man geht weiter zu einer Art Korridor und von dort aus rechts in einen der interessantesten Räume des Komplexes, in einen rechteckigen, durch eine glatte Ziegelsteinmauer geschlossenen Raum, der im Boden die Spuren einer Gerberei in Form von sieben kreisförmigen Ziegelsteinbecken trägt.[2] Setzt man den Weg fort, gelangt man durch das *ambulacrum* in einen großen Raum[3], der wertvolle Sarkophage mit Wellenkanneluren und andere interessante Fundstücke enthält. Dieser mündet in einen weiteren Raum, der einer der ältesten des unterirdischen Bereichs ist. Im Hintergrund zeugen das Mauerwerk aus Tuffsteinblöcken und die davorstehende dorische Säule vom Alter der Anlage. Auf dem Fußboden liegen Amphoren und Vasen, während in einer kleinen Nische im gegenüberliegenden Raum ein *lararium* zu erkennen ist. Aus einfachem robustem Ton ist hier eine archaisierende Darstellung der Minerva eingepaßt. Man setzt den Weg durch den Korridor fort und gelangt links in einen schmalen

Gang, der zwei Tuffsteinsäulen aus der ältesten Periode enthält und die maximale Ausdehnung des Gebäudes auf dieser Seite begrenzt. Verfolgt man den Korridor weiter, verwandelt sich die Szenerie und erweitert sich zu einem Raum von ungewöhnlicher Pracht und Farbigkeit. Eine Ansammlung kleiner Säulen dient hier als Basis für üppig mit Stuck- und Mosaikarbeiten verzierte Velarien, die eine Anfang des 20. Jahrhunderts in neobyzantinischer Form erbaute Krypta darstellen.[4]

Gegenüberliegende Seite: Die Nische mit dem lararium. *Das Tonrelief im Hintergrund zeigt die Gestalt der Minerva im Profil mit Helm und Lanze, während an den Seiten eine Mänade und eine Opferszene zu sehen sind.*

Unten: Blick in einen Raum mit zylindrischen Ziegelsteinbecken, die vermutlich zu einer Gerberei gehörten.

San Clemente

Unten: Einer der Sarko-phage, die in der unteren Basilika gefunden wurden.

Gegenüberliegende Seite: Die Wände des Mittel-schiffs, die auf den Nar-thex der unteren Basilika blicken.

Die Kirche San Clemente stellt mit ihren verschiedenen unterirdischen Straten das bezeichnendste Beispiel für das Schichtwachstum der Stadt dar und zeigt die Entwicklung der einzelnen Epochen und der jeweiligen sozialen Begleitumstände auf.

Über eine Freitreppe, die aus unterschiedlichen Fundstücken und Steinsorten besteht, gelangt man bequem unter die Oberfläche und betritt den Bereich, der der Narthex der unteren Basilika oder besser des antiken *titulus Clementis* gewesen sein muß.[1]

San Clemente war der Mittelpunkt intensiver Verehrung und üppig blühender Legenden. Sie wurden in der *Letteratura Clementina* und in den *Acta* des 4. Jahrhunderts n. Chr. gesammelt. Aus diesen apokryphen Quellen erfährt man, daß Clemens, der zur Zeit des Trajan zum Exil auf der Krim verurteilt worden war, eine rege Missionstätigkeit begann und deswegen von den Römern zum Tode verurteilt wurde: An einen Anker gebunden, wurde er ins Schwarze Meer geworfen. Kurze Zeit später zog sich das Wasser zurück und gab den Blick auf

eine Insel mit dem strahlenden Grab des Clemens frei, das von Engeln erbaut worden war. Von da an zog sich das Wasser jedes Jahr einmal zurück und ließ das Grab von neuem sichtbar werden.

Dieses wundersame Ereignis hat ein unbekannter Maler in den Fresken an den Narthexwänden gegen Ende des 11. Jahrhunderts n. Chr. meisterhaft wiedergegeben. Aus den *Acta* hat er die Geschichte mit großer Frische in zwei Wandgemälde übertragen. Angefangen bei der Episode mit dem Kind, das nach dem Besuch des Grabes von den Fluten fortgerissen und dann auf wunderbare Weise wiedergefunden wird, bis zur Überführung des Leichnams des Heiligen folgen die Begebenheiten aufeinander wie in einer filmischen Sequenz, wobei die Ereignisse und Ausdeutungen der Geschichte mit großer Ausdruckskraft und viel Einfühlungsvermögen festgehalten wurden. Im unteren Teil des Gemäldes sind eine Widmung und die Stifter wiedergegeben. Es handelt sich um einen gewissen Benone de Rapiza und seine Frau Maria Macellaria mit ihren Kindern Clemens und Altilia.[2]

Die linke Ecke des Mittelschiffs ist am reichsten mit Fresken ausgestattet und bezeugt das breitgefächerte malerische Repertoire der römischen Künstler im 12. Jahrhundert n. Chr. Es verwandelte den starren byzantinischen Schematismus in eine volkstümliche, lebendige Formensprache. In der hinteren linken Ecke kann man mit Mühe einige biblische Szenen erkennen: eine Himmel-

fahrt mit einer leeren Nische für Reliquien, die Kreuzigung, die frommen
Frauen am Grabe, die Hochzeit zu Ka-
naan und die Höllenfahrt. Diese Fresken
sind alle in das 9. Jahrhundert zu datieren und begeistern nicht in dem Maße
wie die Legende des heiligen Alexius aus
dem 11. Jahrhundert, die nicht weit
davon entfernt zu sehen ist. Ein junger

Römer, der am Tag seiner Hochzeit von
zu Hause geflohen war und nach langer
Pilgerfahrt und anschließendem Ein-
siedlerleben unerkannt zurückkehrt,
läßt sich von seinem Vater, dem Senator
Euphemius, als Diener anstellen und
wohnt fortan 17 Jahre lang unter der
Treppe seines Elternhauses. Am Ende
seines Lebens verrät er dem Papst in

*Gegenüberliegende Seite:
Die Messe des heiligen
Clemens. Fresko an der
linken Wand des Mittel-
schiffs der unteren Basi-
lika.*

*Oben: Detail des reliefier-
ten Sarkophags, auf dem
der Hippolytos-Mythos
dargestellt ist.*

einem Brief seine Geschichte, die daraufhin vom Pontifex persönlich dem Vater und der Braut erzählt wird.

Neben diesen Fresken ist die Legende von dem römischen Präfekten Sisinnius dargestellt. Als er versucht, den heiligen Clemens während einer Messe zu verhaften, wird er von plötzlicher Blindheit geschlagen. In dem darunterliegenden Fries sieht man die Diener des Sisinnius, die ebenfalls ihres Sehvermögens beraubt sind und sich bemühen, eine Säule wegzutragen, die sie für den Papst halten. Die Episode verdankt ihre Berühmtheit den heftigen Worten der auf dem Fresko dargestellten Knechte: »Fili de la pute, traite, Gosmari, Albertel, traite. Falite dereto colo palo, Carvoncelle!« (»Los ihr Hurensöhne, zieht. Gosmari, Albertel, zieht. Und du Carvoncello, mach voran mit dem Hebel!«) Grobe Worte sicherlich, die von einem lakonischen Satz in Latein auf dem oberen Spruchband aus dem Mund des heiligen Clemens kommentiert werden: »Duritiam cordis vestri. Saxa trahere meruisti.« (»Durch die Härte eurer Herzen habt ihr es verdient, Steine zu schleppen.«) Dieser Schlagabtausch zwischen erhabener und Vulgärsprache, zwischen den Szenen aus dem Heiligenleben und denen aus dem eher knechtischen Leben stellt den Erneuerungswillen des Künstlers und seine Bemühungen, der Heiligenlegende erzählerische Spannung zu verleihen, exemplarisch dar.

Darüber hinaus ist die römisch-mittelalterliche Doppelapsis interessant, die das Mittelschiff abschließt und zwischen deren innerer und äußerer Wand ein ungewöhnlicher begehbarer Korridor verläuft. Im rechten Seitenschiff thront in einer Nische (8.–9. Jahrhundert) eine von diademgeschmückten byzantinischen Heiligen umgebene, würdevolle Madonna. Auf einem großen Sarkophag aus dem 1. Jahrhundert sind in qualitätvoller Reliefarbeit Szenen aus der Legende von Phädra und Hippolytos dargestellt. Im linken Seitenschiff befindet sich neben dem modernen Altar der beiden Heiligen Kyrillos und Methodios[3] eine interessante kreisförmige Struktur, die als antikes Immersionstaufbecken, aber auch als Brunnen oder als Presse gedeutet werden könnte.

Man steigt vom rechten Seitenschiff über eine kleine, steile Treppe auf das dritte Niveau herab, das durch ein Gewirr von Räumen aus römischer Zeit gekennzeichnet ist (1. Jahrhundert n. Chr.).

San Clemente, untere Basilika. Fresko aus dem Mittelschiff mit der Messe des heiligen Clemens. Das Fresko ist Teil eines lebhaft erzählenden Zyklus (11. Jahrhundert), der die Wunder des heiligen Clemens illustriert. Er enthält sehr interessante Inschriften, die erstmals in Vulgärlatein abgefaßt sind und darüber hinaus die Namen der Auftraggeber verraten.

San Martino ai Monti

Bewacht von den in Sichtweite liegenden Türmen der Capocci, liegt die Basilika San Martino ai Monti auf dem höchsten Punkt des Esquilin und gründet ihre Fundamente in den schweren Tuffsteinblöcken der servianischen Stadtmauer. Mit ihrem eigentümlichen Grundriß ist sie eines der römischen Beispiele für jenes architekturhistorische Kontinuum, das von der Kaiserzeit bis heute reicht.

Die Schichtung der einzelnen Niveaus seit Anfang des 3. Jahrhunderts n. Chr. ist von bemerkenswertem Interesse für die Geschichte des Urchristentums, da vermutlich hier der ursprüngliche *titulus Equitii* entstanden ist.[1]

Seit der Zeit des Papstes Fabianus (236–250 n. Chr.) führte die Notwendigkeit, über verschiedene Gemeindezentren zu verfügen, dazu, daß in der Stadt etwa sieben Pastoralkreise eingerichtet wurden. Im Laufe der Zeit untergliederte sich diese Einteilung weiter und entwickelte sich bis zur Gründung der *tituli* oder Titelkirchen.[2]

Als in der Folgezeit der Heiligenkult entstand, geriet der Ursprung der Kirchen wie auch die Namen der Gründerfamilien in Vergessenheit und machte der Widmung an den Heiligen Platz, unter der sie heute jeweils bekannt ist. Bisweilen wurde die *domus ecclesiae* (Kirchenhaus) von der Gemeinde selbst erworben. Zuweilen finden sich in diesen Anlagen auch Räume, in denen der Klerus wohnte. Der Titulus des Equitius befindet sich im Untergeschoß der Kirche San Martino ai Monti und ist von der Krypta aus zugänglich. Bis heute ist nicht geklärt, ob der *titulus* auf einem älteren Gebäude errichtet wurde – manche Forscher nehmen an,

Unten: Fragment der
polychromen Wand-
dekoration.

Gegenüberliegende Seite:
An den Wänden sind
zahlreiche Grabplatten
aus dem Mittelalter und
der Renaissance befestigt,
die bei den Ausgrabun-
gen gefunden wurden.

daß es sich dabei um ein Marktgebäude handelte – oder ob er im 3. Jahrhundert aus religiösen Bedürfnissen entstanden ist. Die ersten diesbezüglichen Überlieferungen stammen aus dem *Liber Pontificalis,* wonach es sich um einen konstantinischen *titulus* handelt, der mit dem Namen des Papstes Sylvester in Verbindung steht. Seine berühmten Wundertaten sind in den lebhaft erzählenden, in brillanten Farben ausgeführten Fresken des Oratoriums der Santi Quattro Coronati dargestellt. Die letzten Erwähnungen stammen aus dem 8. Jahrhundert. Erst anläßlich der Restaurierungsmaßnahmen im 17. Jahrhundert entdeckte der damalige Klosterprior von San Martino den ursprünglichen *titulus,* indem er minutiös dessen gesamte Dekoration beschrieb. Das Echo auf die Wiederentdeckung war so groß, daß Kardinal Barberini von allen Fresken Kopien für einen Kodex anfertigen ließ, der bis heute in der Vatikanischen Bibliothek aufbewahrt wird (Cod. Barb. Lat. 4405).

Der unterirdische Bereich präsentiert sich heute in Form eines unregelmäßigen Rechtecks mit nahezu exakt westöstlicher Achsenausrichtung. Zwei Reihen großer Pilaster unterteilen die *aula* in elf Räume, in denen man drei verschiedene Arten von Mauerwerk unterscheiden kann. Sie entsprechen ebensovielen Bauphasen. Ursprünglich sollte sich die *aula* nicht in dieser Unterteilung, sondern als großer rechteckiger Saal mit einem Mosaikfußboden in schwarzweißem Schachbrettmuster präsentieren. Der gesamte Raum, der neben einem Hof lag (heute noch teilweise an der Nordostseite sichtbar), war weiß verputzt und mit Fresken ausgestattet. Der Gebäudekomplex erstreckte sich über zwei weitere darüberliegende Stockwerke, von denen eines unterirdisch lag. Es könnte sich um ein großes Wohnhaus gehandelt haben, vielleicht um eine reiche Insula mit Luxuswohnungen, oder um ein geschlossenes Marktgebäude. Irgendwann wurde das Gebäude in ein christliches Gotteshaus umgebaut.[3] Fresken mit Szenen aus dem Leben Christi schmückten diese heute stark verfallenen Räumlichkeiten, und der Innenbereich wurde mit Marmor verkleidet.[4]

Santi Giovanni e Paolo

Rechts: Auf dem tiefsten unterirdischen Niveau wurde eine kleine private Thermenanlage entdeckt. Erhalten blieben die suspensurae *(Ziegelsäulen, die den Fußboden tragen) unter dem Estrich und ein Becken in der Mitte des Raumes.*

Gegenüberliegende Seite: Einer der Gänge, die zur Reliquienkammer führen.

Spaziert man durch die Straßen und Gassen an den Hängen des Caelius, verrät eine Reihe von an den Mauern deutlich sichtbaren Spuren die enge Verbindung mit der Vergangenheit. Unter den Bögen des Clivus Scauri[1] verwandelt sich der Weg auf wundersame Weise in die Passage in eine andere Zeit, wo der hinter dem Braun des Peperin hervorschimmernde warme Goldton des Backsteins das Echo der dunklen Jahrhunderte anklingen läßt.

Diese Facette des frühen Mittelalters spricht die Sprache einer noch weiter zurückliegenden Epoche, in der Insulae, Domus und Werkstätten in frühchristliche Gebäude umgewandelt wurden. An den Außenwänden der Basilika der Heiligen Johannes und Paulus eröffnen erkennbare Ziegelsteine und Entlastungsbögen Ausblicke auf den Alltag der Vergangenheit und erzählen von dem einfachen Leben der antiken Gemeinschaften, die bereit waren, einen neuen monotheistischen Kult zu übernehmen, der aus dem Orient gekommen war. Die Mauer verrät ihr hohes Alter und lädt dazu ein, den Weg in das Innere der Kirche fortzusetzen. Sie trägt zu Ehren der Chronik den ursprünglich einem gewissen im Jahre 410 n. Chr. verstorbenen Pammachius, *vir eruditis et nobilis* (einem gelehrten und ehrenwerten Mann), zugeschriebenen Titulus.[2]

Die Kirche scheint diese antiken Zeugnisse hinter ihrer barocken Pracht zunächst zu verstecken. Hinter der von außen recht uninteressant anmutenden Tür verbirgt sich ihre gesamte Vergangenheit und Geschichte. Man überschreitet die Schwelle,

Das Nymphäum mit den Becken und dem großen Fresko im Hintergrund. Das Thema der Darstellung ist trotz der deutlich erkennbaren Meeresmotive nicht gesichert. Von einigen Wissenschaftlern wird es als die Rückkehr der Proserpina aus dem Hades interpretiert, anderen Deutungen zufolge handelt es sich um einen Venuszyklus. Die Komposition aus Blau- und Ockertönen mit zinnoberroten Schaumkronen zählt zu den herausragendsten Arbeiten der römischen Wandmalerei zwischen dem Ende des 2. und dem Anfang des 3. Jahrhunderts n. Chr.

Detail der Dekoration des Trikliniums mit Putten bei der Weinlese. Darunter befinden sich nackte Genien, deren helle Körper sich wirkungsvoll von ihren blauschwarzen Mänteln abheben.

und wie eine Gegenwelt zur Helligkeit des oberen Schiffs erstreckt sich ein dichtes, dunkles Labyrinth aus Räumen, die über mehrere Etagen angelegt sind, bis in das unterirdische Herz der Basilika.

Es handelt sich um einen Gebäudekom-

plex[3], der im wesentlichen eine große Insula umfaßt, in die zu Beginn des 3. Jahrhunderts n. Chr. ältere Gebäude aus dem 2. Jahrhundert integriert wurden. Kurze Zeit später ging der Häuserblock in die Hände eines einzigen Besitzers über.[4] Aus

dieser Zeit stammen die ältesten Spuren einer Nutzung durch eine junge christliche Gemeinde. Die Fresken mit heidnischen Themen wurden übermalt, und zwischen den beiden Domus wurde ein kleiner Raum errichtet – vermutlich eine Konfessio –, den Szenen aus dem Leben der Märtyrer schmückten.

Die komplexe Struktur der hintereinander angeordneten Räume läßt sich zu drei Hauptelementen zusammenfassen: das römisch-heidnische Haus[5], das heidnisch-christliche und der frühmittelalterliche Betsaal. Zunächst stößt man auf einen Raum, der aufgrund der erhaltenen Bassins als Nymphäum gedeutet werden kann. Wie ein Fenster mit Blick auf den Mythos erscheint das großformatige Fresko an der hinteren Wand, das aus großen Farbflächen angelegt ist und eine nicht eindeutig interpretierbare mythologische Szene zeigt. Die Rückkehr der Proserpina aus dem Hades oder, eher noch, ein Venuszyklus mit der Göttin in Begleitung von Phaeton und Bacchus[6] ist wohl gemeint. Auf dem Fresko sind zwei weibliche Figuren auf einer Klippe dargestellt. Die eine Frau ist züchtig in ihre Kleider gehüllt, die andere hingegen nackt, aber mit kostbaren Juwelen geschmückt. Beide scheinen die Huldigung oder den Gruß einer stehenden männlichen Person entgegenzunehmen. Sie wendet sich ihnen mit einem Becher in der einen und einer Traube in der anderen Hand zu. All das spielt sich vor dem Hintergrund des Meeres ab. In Booten gehen Putten unterschiedlichen Spielen und dem Fischfang nach.

Die Komposition ist in Blau- und Ockertönen mit zinnoberroten Akzenten gehalten. Sie kann als das größte, bis heute erhaltene Wandgemälde des antiken Rom bezeichnet werden. Mit ihrer schimmernden Farbfrische ist diese Meeresszene eines der großartigsten Werke der römischen Malerei aus der Zeit um 200 n. Chr. Ebenso interessant ist die Dekoration[7] des angrenzenden Trikliniums: Das mit Fresken geschmückte Gewölbe zeigt Putten bei der Weinlese, die sich zwischen elegant geschwungenen Reben bewegen. Darunter ist ein Reigen nackter Genien wiedergegeben. Pfauen, Drosseln und Hähne, die zum Teil in der Luft fliegen oder auf dem Boden einen von den Genien begleiteten Tanz aufzuführen scheinen, bereichern die Komposition.

Der folgende Raum wird als Tablinum gedeutet. Hier sind die Wände mit einer schlichten Dekoration aus imitierten Marmorquadern verkleidet, die sich im Gewölbe in eine Komposition mit eindeutig christlichen Symbolen auflöst. In Feldern kreisförmig angeordnet, erscheinen Apostel und Tiere wie auf einem sich drehenden Rad gegenübergestellt. Die in eine römische Toga gehüllten Figuren mit Schriftrollen – vielleicht Propheten oder Apostel – entsprechen genau der ikonographischen Tradition, ebenso wie die Darstellung der *mulctra*, d. h. des Milcheimers zwischen zwei

Unten: Detail der
Freskendekoration im
Triklinium.

Gegenüberliegende Seite:
Detail eines Freskos mit
der Darstellung eines
Fabeltiers (halb Ziege,
halb Fisch oder See-
schlange).

Schafen als Symbol der Erquickung und des Lebenssaftes. Die Gestalt des Betenden, der, mit einer eleganten Dalmatika bekleidet, seine Arme als Zeichen des Opfers Christi ausbreitet (4. Jahrhundert n. Chr.) läßt jedoch keinen Zweifel an den frühchristlichen Wurzeln der Darstellung. Man steigt von hier aus in das kleine Cubiculum der Confessio. Es steht in Verbindung mit dem Grab der Märtyrer, das für die Gläubigen durch die *fenestella confessionis* sichtbar ist. Die Freskendarstellung des Martyriums der heiligen Crispin, Crispian und Benedicta, die von Soldaten gefangengenommen und enthauptet werden, sind frühchristlich. Auf das Martyrium folgt die himmlische Erlösung und die Verheißung des Paradieses.

Das Hypogäum in der Via Livenza

Gesamtansicht des Saales mit dem großen Wasserbecken und dem Fresko an der Rückwand. Im Mittelpunkt der Szene steht die Göttin Diana in einer waldigen Landschaft. Sie zieht in der Abendröte einen Pfeil aus ihrem Köcher. Erschreckt fliehen ein Hirsch und eine Hirschkuh vor der Göttin der Jagd.

Im folgenden werden auch diejenigen unterirdischen Monumente Roms erwähnt, die aufgrund ihrer nicht eindeutig erkennbaren Zweckbestimmung und der Tatsache, daß sie in ihrer ersten Bauphase unterirdisch oder teilweise unterirdisch angelegt wurden, unter dem allgemeinen Begriff Hypogäum zusammengefaßt werden können. Im allgemeinen handelt es sich um Monumente mit einem unbestreitbar sakralen Charakter, die aber gleichzeitig keinem bestimmten religiösen Kult zugewiesen werden können, so daß man in Ermangelung einer gesicherten Interpretation vorsichtig von synkretistisch heidnisch-christlichen Monumenten spricht. Bei einer tiefergehenden Untersuchung jedoch verflüchtigen sich diese Mehrdeutigkeiten oftmals. Die vage Zuordnung mindert nicht die Faszination dieser Bauwerke, eher verstärkt sie den Nimbus des Mysteriösen noch, der dazu einlädt, sie mit vorurteilsfreiem Geist und vor allem ohne vorgefaßte Hypothesen zu erkunden.

Wenige Schritte von der Via Salaria entfernt, in der Via Livenza, führt ein unauffälliges Garagentor zu einer kleinen Metalltür. Es ist der Eingang zu einem unterirdischen Monument, das allgemein als das »Hypogäum in der Via Livenza« bekannt ist und in den 20er Jahren des 20. Jahrhunderts bei Ausschachtungsarbeiten entdeckt wurde. Aus dem Boden wurde eine Statue ohne Kopf und nach und nach weitere Fragmente von Statuen geborgen. Vor allem aber kam ein einzigartiges, mit Mosaiken und Fresken geschmücktes Bauwerk aus der Mitte des 4. Jahrhunderts n. Chr. ans Licht. Es hatte eine ungewöhnliche halbkreisförmige Apsis, an die sich ein 21 Meter langer und 7 Meter breiter Saal anschloß.

Man betritt das Hypogäum über eine dunkle, enge Treppe, deren Stufen zum

größten Teil noch antik sind. Die Treppe führt in einen Raum[1], in dem ein tiefes, nicht sehr großes Becken (2,90 x 1,70 m) vom Rest der *aula* durch ein heute restauriertes Geländer getrennt ist. An der Rückwand befinden sich mit transparenten Farben gemalte Fresken. Weiß-, Zinnober- und Türkistöne sind in einem Farbenreigen verwoben, der von rasch gesetzten Pinselstrichen betont ist. Im Mittelpunkt steht zwischen zwei Hirschen eine bogenschießende Diana, deren zarte Gesichtszüge einen verblüffenden Gegensatz zu ihren sicheren Bewegungen bilden. Sie ist die Herrin der Wälder und Auen – eine wahre Königin mit Diadem und einer Krone aus Lorbeer. Gerahmt von Büschen und Bäumen im Hintergrund, zieht sie in der Abendröte einen Pfeil aus dem Köcher und schlägt damit einen Hirsch und eine Hirschkuh in die Flucht. Sofort denkt man an die Verse Homers: »Artemis besinge ich, mit den goldenen Pfeilen, die verehrte Jungfrau, die Bogenschützin, welche die Hirsche mit ihren Pfeilen trifft, Schwester des Apollon mit dem goldenen Schwert, die, welche durch die schattigen Berge und die vom Wind gepeitschten Gipfel ihren Bogen aus reinstem Gold spannt und ganz von der Wonne der Jagd gefangen die leidenbringenden Pfeile verschießt.«[2] Auf der gegenüberliegenden Seite einer flachen Nische befindet sich als Pendant eine junge, mit raschen Pinselstrichen skizzierte Nymphe aus dem Gefolge der Diana. Sie wendet sich, auf einen Stab gestützt, zärtlich einem Reh zu.

Der Grundriß des Hypogäums und die darüberliegenden Straßen.

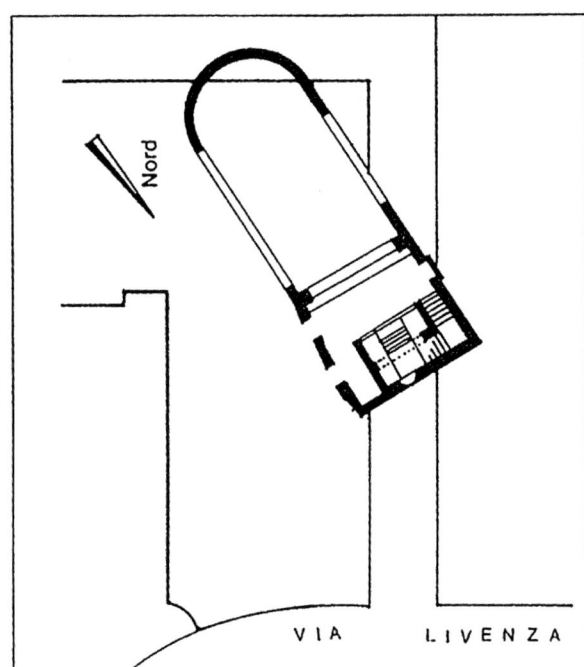

Nord

VIA   LIVENZA

Diese arkadische Szene wird durch eine Nische mit gemalten Platten aus numidischem Marmor (sogenannter Giallo Antico) geteilt. Sie sollte ursprünglich eine Statue aufnehmen. Im oberen Teil der Nische ist ein blühender Garten wiedergegeben, in dem zwei Wildtauben sich auf dem Rand eines antikisierenden Brunnens niederlassen.

Die malerische Wiedergabe geht auch in ihrem lebhaften, farbig getupften Impressionismus nicht über eine durchschnittliche Handwerksarbeit hinaus, allerdings erweist sie sich in der Umsetzung der Landschaft als sehr wirkungsvoll. Somit geht es hier weniger um überragende künstlerische Fähigkeiten als um die erzählerische Frische und Vitalität.

Das Becken in diesem Saal ist rechteckig und tief und besitzt noch die Stufen, die ins Wasser führten. Auf der ersten Stufe (1,15 Meter über dem Boden des Beckens) lassen sich mit Mühe die Inschriften der für diesen Bau wiederverwendeten Grabsteine von Soldaten der Prätorianerkohorten entziffern. Gegenüber befindet sich der Ausstieg, daneben eine Öffnung mit einem Gitter für den Wasserabfluß. All dies würde auf den ersten Blick bestätigen, daß es sich um ein Nymphäum handelt. Aber wer hätte sein Bad oder ein Nymphäum an einem derartig feuchten und ungastlichen Ort mit einem so langen (21 m) und engen Saal eingerichtet?[3]

Das sogenannte Nymphäum wurde außerdem mitten in einem dicht belegten Gräberfeld erbaut, dessen Grabmonumente für die Errichtung des Gebäudes

zum Teil wiederverwendet wurden. Einen Hinweis kann man vielleicht den Fresken entnehmen, die sich auf dem unmittelbar darüberliegenden Streifen befinden und Putten zeigen, die sich mit verschiedenen Spielen die Zeit vertreiben oder mit dem Fischfang beschäftigt sind. Einer der

Auf der rechten Seite der zentralen Nische, die vielleicht dazu bestimmt war, eine Statue aufzunehmen, erkennt man eine ausruhende junge Nymphe. Sie wendet sich liebevoll einem Rehkitz zu.

Putten zieht schwimmend einen Schwan am Hals hinter sich her, der vergeblich versucht, sich mit heftigem Flügelschlagen aus dem Griff seines Peinigers zu befreien.

Ein anderer Putto sitzt bequem auf einem Felsen und amüsiert sich damit, einen unglückseligen Fisch oder Polypen mit dem Dreizack aufzuspießen. Andere Putten wiederum fahren mit Booten und Netzen zum Fischfang über das Wasser, begleitet von Wasservögeln. Diese Art von Meeresszenen war in der Antike sehr verbreitet. Sie dient als Pendant zu dem darüberliegenden Mosaik.[4]

Das aus farbigen Glassteinchen bestehende Mosaik ist heute teilweise zerstört. Nur mit Mühe lassen sich im unteren Teil zwei Figuren erkennen. Während die eine steht, kniet die andere vor einem Felsen, von dem Wasser in Rinnsalen hinabläuft. Auf den ersten Blick meint man, die biblische Episode wiederzuerkennen, in der Petrus wie einstmals Moses Wasser aus dem Fels schlägt, um den bekehrten Zenturio zu taufen. Wenn dies zutreffen würde, stünden wir vor einem der ältesten christlichen Immersionstaufbecken.[5] Wie wäre aber dann das Fresko mit der jagenden Diana zu rechtfertigen? Welche Rolle könnte ihr in einem christlichen Baptisterium zukommen?

Um das Problem zu lösen, hat es verschiedene Versuche gegeben, die als Jägerin auftretende Diana als ein Symbol des Heidentums zu interpretieren, die die Hirsche, die Gläubigen, von der Taufquelle verjagt und tötet. Andererseits wollte man in der Nymphe, die das Reh streichelt, eine dem Christentum wohlgesonnene Figur erkennen und ging dabei so weit, sie als eine Art *nympha sancti Petri* zu deuten und mit einem bekannten römischen Vorort in Verbindung zu bringen: *Ad nymphas Sancti Petri ubi baptizavit.*[6]

Doch wozu diente dieses Bauwerk letztendlich? Welches Geheimnis verbirgt sich hinter diesen eigenartigen Bildern? Nicht weniger gewagt scheint die Hypothese zu sein, die zwischen diesen Mauern das Allerheiligste eines Mysterienkults vermutet, dessen ritueller Höhepunkt der Sprung und das Untertauchen im Wasser waren. Die Anhänger dieses Kultes, bekannt für ihre Ausschweifungen, erhielten ihren Namen Baptai von *bapto*, d. h. »ich tauche unter«.[7] Sie praktizierten in der Tat das Springen ins Wasser als eine Art innerer Befreiung, eine Form der ekstatischen Bewußtseinsveränderung. Der Ausdruck *baptai* bedeutet »die im Wasser Untergetauchten«, d. h. diejenigen, die ein *baptisma* praktizierten. Diese Kultgemeinschaft mit deutlich orgiastischen Zügen verehrte als höchste Gottheit die thrakische Göttin Bendis, die teilweise als »Führerin der Schamlosen« bezeichnet wurde.

Für die Hypothese, daß dieser Ort von jener wilden Gemeinschaft genutzt wurde, spricht, daß die Göttin Bendis mit der griechischen Göttin Artemis – was angeblich auch Herodot bestätigt – gleichgesetzt wurde.[8] Am seltensten wird die Hypothese vertreten, daß es sich hier um ein einfaches Nymphäum handelt.

Das Hypogäum der Flavier

Eine der ausgedehntesten römischen Katakomben birgt im Labyrinth ihrer Schächte und Gänge eine römische Grabanlage. Sie wird traditionell der teilweise mit dem Christentum sympathisierenden Kaiserfamilie der Flavier zugeschrieben. In ihrer großartigen Ausgestaltung ist sie eines der ältesten und interessantesten Kernstücke der Domitilla-Katakombe. 1865 wurde sie von Michele Stefano de Rossi[1] entdeckt.

Früher gelangte man dorthin über einen öffentlichen Weg, vorbei an einer mit vorspringenden Gesimsen versehenen Ziegelsteinfassade aus gelben und roten Backsteinen, die sich typologisch bei den Mausoleen auf der sogenannten Piazzola di San Sebastiano und an anderen Grabstätten in der Nekropole der Isola Sacra wiederfindet.[2] Dieser Fassade ist in einer zweiten Bauphase eine rechteckige, von zwei niedrigen Bänken flankierte Vorhalle vorgesetzt worden.

Heute erfolgt der Zutritt durch das Innere des Ganges, der mit den komplexen Korridoren der Katakombe verbunden ist. Es ist nicht leicht, dorthin zu gelangen, allzu verschlungen und ausgedehnt ist das Labyrinth der Domitilla.[3] Anscheinend nichts läßt darauf schließen, daß es sich um eine heidnische Grabstätte handelt. Die Anordnung der Cubiculi und die über Gänge erschlossene Anlage findet sich in der Tat auch in den anderen Bereichen der Katakombe. Wenn man jedoch in den Hauptgang gelangt, entdeckt man eine nicht enden wollende Abfolge von Fresken, die aus quadratischen, hellen Feldern mit roten und grünen Begrenzungslinien bestehen. In diesen klettern Amoretten und Putten an Ranken empor,

Unten: Plan der erforsch-
ten Gänge mit der so-
genannten Galerie der
Flavier.

Gegenüberliegende Seite:
Detail des Freskos mit
der Darstellung der
Psyche.

schnellen Delphine in die Höhe und
fliegen Vögel durch die Luft, die gemeinsam auf den Katakombenhimmeln eine
fröhlich-heitere Mischung aus Bukolik
und Meeresleben zeichnen. Bis hierher
verweist nichts auf die Christen und ihre
Ikonographie, würde sich nicht auf der
darunterliegenden Wand, in der Nähe
des Einganges, das rasch mit farbigen

Strichen gezeichnete Bild eines zwischen
zwei Löwen und einer Taube betenden
Daniel befinden, der sich der Arche Noah
zuwendet. Es handelt sich jedoch um eine
später aufgetragene Putzschicht, die
folglich auf einen jüngeren malerischen
Eingriff schließen läßt.

Auch wenn man bezüglich der Darstellung in den Gewölben von einem doppel-
deutigen Repertoire oder besser noch von
einem Bildprogramm mit nicht genau
festgelegtem symbolischem Hintergrund
sprechen kann, das sowohl der heidnischen als auch der christlichen Ikonographie entspricht, gilt dies nicht mehr
für die Fresken im Gewölbe der zweiten
Nische (vom Eingang aus gesehen), deren
Thematik eindeutig heidnisch ist. Es
handelt sich hier nicht um ein naturali-
stisches Repertoire, auch nicht um eine
idyllisch-sakrale Darstellung, sondern um
eine Folge von kleinen Landschaftsbil-
dern mit Priapos als Hauptdarsteller.

Und tatsächlich, es ist der Gott der
Fruchtbarkeit und der männlichen Po-
tenz, der mit seinem riesigen Phallus
zwischen den christlichen Märtyrern,
ihren Grabnischen und Sarkophagen
hervortritt. Wäre seine Darstellung nicht
eine Ausnahme und seine Gestalt nicht an
die Decke einer einzigen Nische verbannt, wäre sein Bild an dieser Stelle
außerordentlich unpassend. Die anderen
Nischen weisen übrigens ein konventio-
nelleres, auf ländliche und bukolische
Themen beschränktes Repertoire auf,
wobei hier im Unterschied zu den Pria-
pos-Darstellungen die Thematik als un-

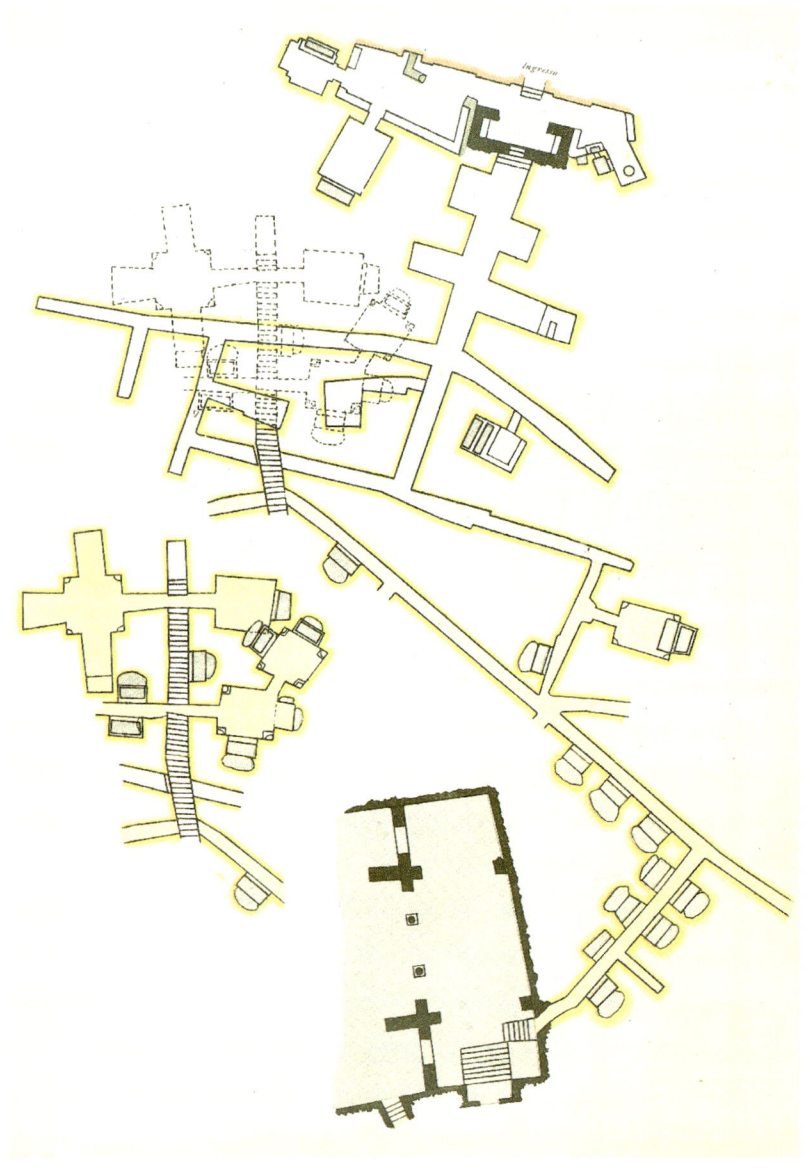

bestreitbar heidnisch und in diesem Kontext als eher ungewöhnlich erscheint. Mit Sicherheit kann man also behaupten, daß das Hypogäum ursprünglich heidnisch war und erst in einer zweiten Bauphase durch die Anlage von Grabnischen und die Ausschmückung mit Malereien mit entsprechender Thematik an den christlichen Kult angepaßt wurde.[4]

Wenn man vom ursprünglichen Eingang nach draußen tritt, gelangt man zu einem vorgelagerten kleinen Platz. Der als Vorhalle angeschlossene Bauteil ist in verschiedene Diensträume unterteilt.

Als gegen Ende des 3. oder zu Beginn des 4. Jahrhunderts n. Chr. das Hypogäum zum integralen Bestandteil der Katakombenanlage geworden war, wurde rechts vom Eingang ein Saal für das Totenmahl gebaut. Von ihm sind heute nur noch die entlang der Wände gemauerten Bänke erhalten. Dort wurden bei den Trauerfeiern, den sogenannten *parentalia* oder *feralia,* die *refrigeria* (Erfrischungen, Erquickungen) mit aufwendigen Gast- und Speiseritualen zu Ehren der Verstorbenen abgehalten. Links vom Eingang befinden sich noch der Brunnen und die Anlagen für die Wasserversorgung.

Geht man auf die rechte Seite zurück, betritt man hinter dem Versammlungssaal ein kleines Cubiculum, das bis heute die Wandmalereien mit Amor und Psyche erkennen läßt. Anmutig, verspielt und mit Schmetterlingsflügeln ausgestattet ist Psyche mit Amor beim Blumenpflücken in den Elysischen Feldern wiedergegeben.

INSULAE, DOMUS

Gewiß bedingt durch die Überbevölkerung, hat sich das römische Wohnhaus in der Kaiserzeit eher in vertikaler als in horizontaler Richtung entwickelt. So bot Rom hinsichtlich der Bebauungsdichte und unter Berücksichtigung der ausgedehnten Flächen, die den Foren, Tempeln, öffentlichen Gärten und anderen Zwecken vorbehalten waren, im städtebaulichen Profil eher den Anblick orientalischer Städte als den der geometrisch-rationalen Aufteilung der römischen *castra* (Kastelle, befestigte Anlagen). Die *Cataloghi Regionari* verzeichnen den Bestand von 46 602 Insulae (entspricht einem modernen Häuserblock) gegenüber 1797 Domus (großes Einfamilienhaus). Das Verhältnis von 1 zu 26 verdeutlicht die rapide städtebauliche Entwicklung Roms.

Um die dunklen, engen Gassen wächst Rom unstrukturiert empor und entwickelt sich in die Höhe, mit Gebäuden, die

*Vorhergehende Seiten:
Eine Ansicht der unter-
irdischen Räume von San
Paolo alla Regola (links)
und der Buchstabe
Omega aus der griechi-
schen Inschrift im Mar-
morboden der Sonnenuhr
des Augustus (unten).*

*Unten: Detail des
Mosaikfußbodens.*

*Gegenüberliegende Seite:
Der als Säulenhalle
bezeichnete unterirdische
Saal gehört zu einem von
Lagerräumen und Insulae
umgebenen Innenhof.*

weitaus stärker als man glauben möchte unseren modernen Hochhäusern ähneln. »Bei der großen Bedeutung der Stadt aber und der unendlich großen Zahl von Bürgern muß man unzählige Wohnungen schaffen. Da also Häuser, die nur ein Erdgeschoß haben, eine so große Menge zum Wohnen in der Stadt nicht aufnehmen können, zwangen die Umstände selbst dazu, daß man sich damit half, die Häuser in die Höhe zu bauen.«[1]

Dies war eine »andere« Realität im Vergleich zur zweckmäßigen Anlage der Domus und ihrer durch einen rigiden Schematismus bedingten Aufteilung in *fauces* (»Windfang«, Eingangsraum), *atrium* (Hauptraum), *alae* (Seitenräume), *triclinium* (Speisesaal), *tablinum* (Empfangsraum) und *perystilium* (Innenhof mit Säulengang und Garten).[2] In Rom existierten diese beiden Haustypen nebeneinander – wenn auch der erste den letztgenannten deutlich überwog –, und sie prägten die sozioökonomische Struktur der Stadt. Ohnehin war das Wohnen in der Stadt, sei es in einer Domus oder in einer Insula, teuer. Auch in einfachen Mehrfamilienhäusern war der durchschnittliche Mietpreis erheblich höher als auf dem Land.

Die Insula von Ara Coeli

In einer Ecke am Fuß der nördlichen Kuppe des Kapitolshügels erzählt ein kaum von dem sanften Glockenschlag eines romanischen Kirchturms berührter kompakter Block aus fast 2500 Jahre alten Ziegelsteinen vom Alltag in der Antike, von den Stimmen und dem Lärm eines Roms, das aus engen Gassen und überfüllten Wohnhäusern und nicht aus monumentalen Plätzen, Nymphäen, Statuen und Säulen bestand. Beiseite gedrängt von der überwältigenden Nachbarschaft der beiden monumentalen Rampentreppen der Ara Coeli und des Kapitols, gelingt es der Insula nicht, das Interesse der vorübergehenden Passanten zu gewinnen. Und dennoch ist sie eines der seltenen Beispiele für ein antikes Mehrfamilienhaus, das gut erhalten ist und über das Ladengeschoß hinaus (mitsamt den entsprechenden Zwischengeschossen) über drei noch begehbare und die Überreste eines vierten Geschosses verfügt.

Die Insula entstand seit dem 4. Jahrhundert v. Chr. aufgrund des Wohnraumbedarfs einer ständig wachsenden Bevölkerung. Mit ihrem modernen Wohnhäusern sehr ähnlichen Grundriß war sie in sogenannte *cenacula* unterteilt: einzelne, unseren Wohnungen vergleichbare Unterkünfte, die zur Vermietung bestimmt waren.

Im Unterschied dazu entwickelte sich die Domus als den wohlhabenden Klassen vorbehaltener Wohnsitz in extensiver Ausdehnung um einen Innenhof und war mit Räumen wie dem Atrium,

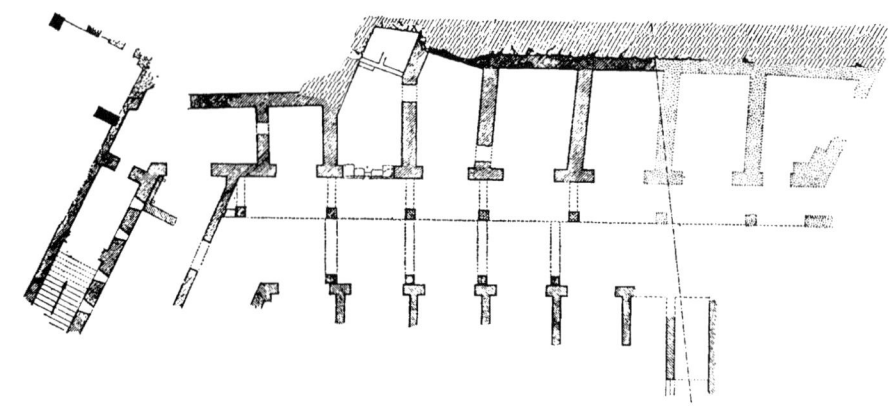

dem Triklinium oder dem Tablinum ausgestattet, die eine festgelegte Funktion hatten.

Das Erdgeschoß einer Insula, wenn es nicht wie eine Domus von einer einzigen Familie bewohnt wurde, war in eine Reihe von *tabernae* (Lagerräume, Werkstätten oder kleine Läden und Garküchen) unterteilt, die als Arbeitsraum und Privatwohnung des Miete zahlenden Händlers dienten. In diesen engen und kaum beleuchteten Räumen lebte er mit der gesamten Familie, wobei ein Hängeboden (eine Art Zwischengeschoß innerhalb des Ladenlokals) als »Schlafzimmer« diente, das als einzige Lichtquelle ein Fenster auf der Frontseite der Taberna hatte. Die oberen Geschosse waren in eine mehr oder weniger große Anzahl separater Wohnungen unterteilt. Je weiter man nach oben kam, desto enger wurden die Räume, was schließlich dazu führte, daß die obersten Wohnungen fast unbewohnbar waren.

Von außen wirkten diese Wohnhäuser mit ihren blumengeschmückten Balkonen und den Säulen- und Bogengängen sehr gefällig. Im Inneren erwies sich das Leben jedoch als ziemlich unbequem, und es herrschten höchst bedenkliche hygienische Zustände.

Versetzt man sich in jene Zeit zurück, so fällt es nicht schwer, sich diese unscheinbare Ruine bewohnt von einer lebhaften, chaotischen Menschenmenge vorzustellen. Niemand scheint sich – laut Juvenal – um die Ärmsten zu kümmern, die in den dunklen Kammern der obersten

Stockwerke zusammengepfercht sind, während »der dritte Stock bereits brennt, ohne daß jene etwas davon wüßten. Vom Erdgeschoß nach oben hin herrscht großer Aufruhr, aber wer als letzter braten wird, ist der Erbärmliche, der gegen den Regen nur durch die Dachziegeln geschützt ist, dort wo die Tauben ihre Eier ablegen.«

Oben und gegenüberliegende Seite: Die Räume des ersten Stockwerks ruhen auf einem Fundament aus opus reticulatum. *Diese Räume waren größer und komfortabler als die der oberen Stockwerke, die für die Ärmsten der Armen bestimmt und völlig überbelegt waren.*

Die Insula von Ara Coeli 223

Das römische Haus
unter dem Museo Barracco

In der Via dei Baullari, einer Straße, die ihren Namen von den Koffermachern und -verkäufern des Stadtbezirks Parione erhielt, steht ein kleiner Palazzo mit der harmonisch-strengen Linienführung der blühenden florentinischen Renaissance. Ihn hatte 1523 der hohe päpstliche Prälat Tommaso Le Roy als sein eigenes Wohnhaus bauen lassen.[1]

Die Keller des Palazzetto ai Baullari (auch »Piccola Farnesina« genannt), der von elegantem Äußeren und in den Formen durch prächtige Cinquecento-Bauglieder veredelt ist, gründen in den antiken Ge-

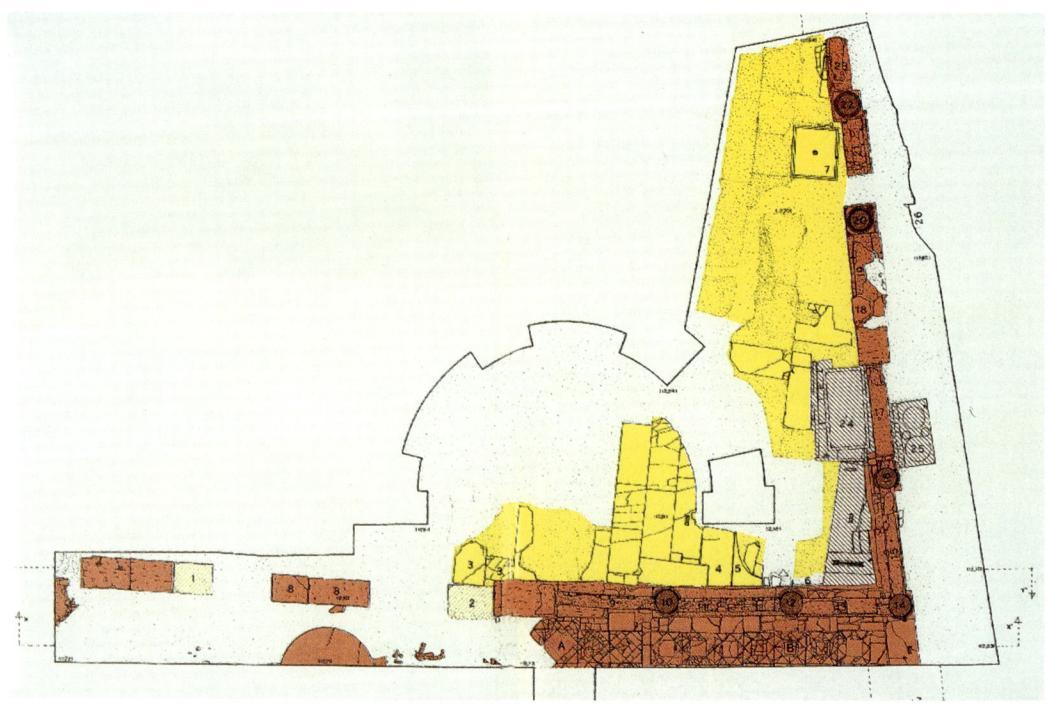

bäuden des Marsfelds. Als Baumeister gilt Antonio da Sangallo d. J. (1483–1546).[2] Hinter seiner Fassade hütet der Palazzo eine kleine, aber kostbare Antikensammlung. In ihr spiegelt sich der erlesene Geschmack ihres unermüdlichen Sammlers, des Barons Giovanni Barracco. Ägyptische, assyrische, etruskische, griechische und römische Kunstwerke schmücken die Säle und bieten die Möglichkeit, verschiedene Einflüsse und Stile der ältesten Kulturen des Mittelmeerraums zu betrachten.

Das Untergeschoß birgt die Reste eines spätkaiserzeitlichen Gebäudes aus dem 4. Jahrhundert n. Chr.[3] Man betritt es über eine bequeme Treppe, die etwa fünf Meter in die Tiefe führt. Dort befinden sich die Überreste eines rätselhaften, zu einem Portikus hin geöffneten Bauwerks, das von sechs Säulen mit glattem Schaft begrenzt ist.[4] Eine Wandverschalung aus *opus vittatum*[5] umkleidet mit ihren Ziegelschichten diese Säulenreihe und markiert damit den Raum des so gebildeten Hofes. Davor steht ein *labrum*[6] aus Marmor, das die Öffnung im Hintergrund als Brunnen ausweist. Ein aufwenig gestalteter, farbiger Marmorbelag, der aus mehreren Schichten besteht[7], bildet als Teil der luxuriösen Ausstattung den Fußboden. Sowohl die grünweiße Maserung des Cipollino als auch das geometrische, farbenprächtige Spiel des *opus sectile*[8] macht deutlich, daß es sich um die Ausstattung einer luxuriösen Anlage handelt, die sicherlich einen gehobenen Bestimmungszweck (öffentlicher oder privater Natur) hatte. Es handelt sich um kleine viereckige Felder in der bemalten Wandfläche, in der anmutige Amoretten wiedergegeben sind, die mit dem Fischfang beschäftigt sind, sowie eine Hirsch- und Tigerjagd und eine Ente mit einer Natter im Schnabel in einer Seenlandschaft – eine Darstellung in durchschnittlicher Qualität.[9] Bei dem Bauwerk könnte es sich um eine patrizische Domus aus spätantiker Zeit handeln, wie es sie bekanntlich im Bereich des westlichen Marsfelds gab, wenn nicht das Vorhandensein einer *mensa pondera-*

ria[10] auf eine andere Funktion mit öffentlichem Charakter verweisen würde.

Es ist auszuschließen, daß es sich – der unkorrekten Auslegung eines der Fresken zufolge[11] – um die *statio* (Kaserne) einer der Zirkusparteien, der sogenannten »Prasina« (Grüne Partei) handelt, die wohl eher in der Nähe des Vicus Pavonis (Pfauengasse) anzusiedeln ist. Es ist sehr viel wahrscheinlicher, daß dies ein Warenlager war, das einen der zentralen und am stärksten bevölkerten Stadtbezirke versorgte.

Links: Eines der erhaltenen Fresken aus dem Inneren des Gebäudes mit der Darstellung einer Ente in einer Seenlandschaft, die eine Natter im Schnabel hält.

Unten: Ansicht des Portikus mit dem Marmorlabrum, das als Brunnen verwendet wurde.

Der unterirdische Bereich
von San Paolo alla Regola

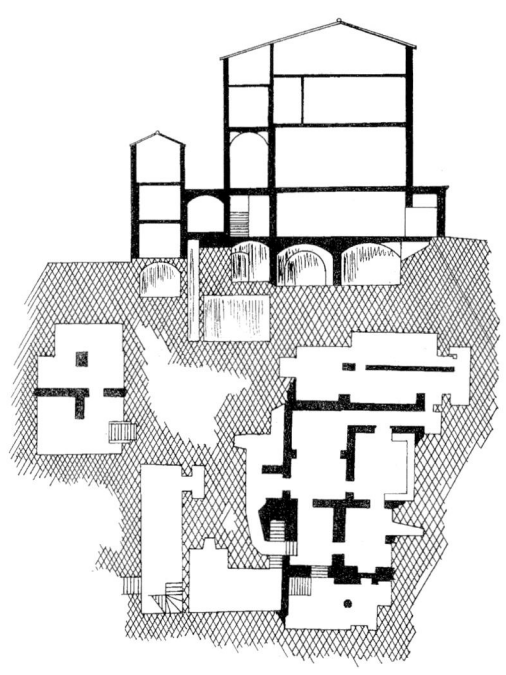

Die Cinquecento-Fassaden einiger Häuser im Stadtbezirk Regola tragen die Spuren antiker Bauwerke. Bei aufmerksamer Betrachtung erkennt man kleine Fragmente römischen Mauerwerks im jüngeren Mauerverband, die auf einen älteren Baubestand verweisen, dessen Ur-

sprünge in ferner Vergangenheit liegen.[1] Bei San Paolo alla Regola wirken diese sogenannten Spolien wie eine Aufforderung, den Torgang zu passieren, um zu der kleinen Tür an seinem Ende zu gelangen. Steigt man dann die Treppe hinunter, ist man fasziniert von der beeindruckenden, warmen Atmosphäre des Backsteins, dem Labyrinth der Räume und der Einteilung der Räume und Stockwerke. Im darunterliegenden Geschoß[2] zeugen zwei gleichgroße Räume mit Tonnengewölben, die ursprünglich an einer parallel zum Fluß verlaufenden Gasse lagen, von ihrer Zugehörigkeit zur flavischen Zeit. Und in der Tat handelt es sich um ein, wenngleich nur teilweise erhaltenes und einfaches Zeugnis für ein großes domitianisches Lebensmitteldepot. Es bestand aus einer Reihe von zweigeschossigen Lagerhallen, die als Horrea Vespasiani bekannt sind.

Man geht über die Treppe wieder nach oben und befindet sich vor einem Raum, der durch eine Ziegelsäule verstellt ist.

Ringsum verweisen die Wände auf Reste von Häusern, die in Form von Fenstern, Nischen für Öllampen und Treppen erkennbar werden. Es handelte sich um einen Hof[3] wie viele andere in Rom.

Wie durch Zauberhand wird der Platz plötzlich wieder lebendig und von Licht überflutet. Die Fenster beleben sich mit lachenden Gesichtern und quirliger Aktivität. Ganz unerwartet taucht das Leben der Menschen jener Zeit wieder vor uns auf und erfüllt dieses Fragment eines Wohnhauses mit lärmender Alltäglichkeit. Kein prächtiger Marmor, keine Säulen und Statuen, sondern bescheidene Behausungen für das niedere Volk. Eine ungewohnte Dimension »in Moll«, die jedoch die schlichte und in mancher Hinsicht primitive Realität einer Gemeinschaft von Arbeitern, Lastenträgern und Händlern zum Ausdruck bringt. Nebenan, im oberen Stockwerk der domitianischen Lagerhallen, befinden sich bescheidene Zimmer mit Schwarzweiß-mosaiken mit einfachen geometrischen Mustern. Sogar die Ziegelröhren der Wasserleitungen sind zu erkennen und rufen dem Betrachter so den Alltag der Menschen im antiken Rom ins Bewußtsein.

Geht man weiter, erscheint auf der Rückseite der beiden Lagerhallen aus severischer Zeit ein weiterer, ebenso interessanter geräumiger Hof.[4] Dort befinden sich große Putzfragmente, die mit polychromen Marmorimitationen bemalt sind. Hier wurden eine antike Wäscherei (*fullonica*)[5] und einige interessante mittelalterliche Überreste gefunden: Berge von Amphoren, Muscheln (*spondylus*) und Schweinezähne. Die Konzentration bestimmter Zünfte in diesem Stadtbezirk, wie die der Metzger[6], die Schweinefleisch verarbeiteten, und der Kesselschmiede hat also eine Tradition, die bis in römische Zeit zurückgeht und die sozioökonomische Kontinuität in einem bestimmten römischen Stadtteil dokumentiert.

Gegenüberliegende Seite: Über den Lagerhallen, in den oberen Stockwerken des Gebäudekomplexes, sind die Räume mit Schwarzweißmosaiken ausgelegt, die ihre Funktion als Wohnräume verraten.

Unten: Mosaikfragmente aus einem der Räume im ersten Stockwerk.

Die Domus Aurea

Gegenüberliegende Seite: Detail der Wandmalerei in einem der Säle. Die Vielfalt der Dekorationsformen, der transparente, fließende Farbauftrag, die theatralischen und phantastischen Details verleihen einem eigenständigen Malereistil Leben, dessen Erfindung die Quellen dem blühend-flüssigen Pinsel (floridus et humidus) des Fabullus zuschreiben.

Folgende Seiten: Der Laokoon wurde 1506 in der Nähe der Domus Aurea gefunden.

Nero wollte ein herrschaftliches Haus, das »eines Menschen« würdig ist.[1] Allerdings gründete die Auslegung dieser Begriffe bei diesem Kaiser auf einer sehr persönlichen Werteskala. Das Resultat war ein grandioser und imposanter Palast, dessen Verzweigungen sich bis in das Herz der Stadt erstreckten und ein riesiges Gebiet einnahmen. Es hatte nicht an Invektiven und Mißstimmungen gefehlt, die Nero aber wenig kümmerten, war er doch weit davon entfernt, den Konsens zu suchen, sondern vielmehr darauf erpicht, den Prunk der hellenistisch-orientalischen Fürsten nachzuahmen. »Ganz Rom ist ein Haus geworden: Bürger, wandert nach Veji aus, falls nicht auch Veji schon zu diesem Haus gehört.«[2] Prunksucht und eine theokratische Verfassung hatten den Kaiser dazu getrieben, einen sehr ausgedehnten Teil der Stadt zu beschlagnahmen und das extravagante Projekt einer Stadt in Form einer Villa zu ersinnen. Lenker und Urheber dieser gewagten Unternehmung waren die Baumeister Severus und Celer, die sich dazu verpflichtet hatten, die Idee einer prunkvoll-sakralen Domus in Stein umzusetzen. Sie hatten eine Residenz entworfen, die exakt an den Himmelsrichtungen orientiert war, von traumhaften Dimensionen, mit riesigen Grünflächen und künstlichen Seen, die sehr harmonisch auf den Hügeln Esquilin, Palatin und Caelius ruhte und mit ihren äußersten Ausläufern bis zur Velia reichte. Die Anlage war mit raffinierten technischen Vorrichtungen ausgestattet und äußerst luxuriös eingerichtet: »Das Vestibül war so groß, daß darin eine Kolossalstatue Neros von fünfunddreißigeinhalb Meter Höhe Platz hatte, und der ganze Bau so ausgedehnt, daß eine Halle mit drei anderthalb Kilometer langen Säulenreihen ihn schmückte. Ferner befand sich darin ein Teich, der wie ein Meer mit Gebäuden umgeben war, die Städte vorstellten, dazu verschiedene Ländereien mit Feldern, Rebbergen, Weiden und Wäldern mit einer Menge Vieh und

Wildtieren aller Art. Im übrigen war alles mit Gold, Edelsteinen und Perlmutter bedeckt. Die Speisezimmer hatten Dekken aus beweglichen, durchlöcherten Elfenbeinplatten, so daß man von oben herab über die Gäste Blumen streuen oder Parfüme sprengen konnte. Der Hauptspeisesaal war rund, und seine Decke drehte sich Tag und Nacht, wie das Weltall. In die Bäder floß Meerwasser und Wasser aus den Albulaquellen. Als dieser Palast fertiggestellt war, sagte Nero, um seine Zufriedenheit auszudrücken, bei der Einweihung nur: jetzt endlich könne er anfangen, wie ein Mensch zu wohnen.«[3]

Das Vestibül befand sich in der Nähe des Venus-und-Roma-Tempels, gegenüber dem Kolosseum, das zu dieser Zeit noch nicht erbaut war, und die davorliegende Talebene war mit einem riesigen künstlichen See ausgefüllt. Weitere Gebäude mit Portiken, Gärten und Parkanlagen umrahmten den Komplex, der wie eine gigantische Bühnenkulisse wirkte.

Von all dem hat sich nur noch wenig erhalten. Lediglich die dunklen, verschachtelten Säle des Pavillons auf dem Oppius sind übriggeblieben, und so ist es schwierig, sich von der unvergleichlichen Weite der Räume und der ursprünglichen Größe der Anlage eine Vorstellung zu machen. Nur mühsam läßt sich nachvollziehen, warum dieser Komplex in der Antike als Domus Aurea (Goldenes Haus) gefeiert wurde. Es handelt sich um ein Labyrinth von Räumen, die auf der Westseite in einfacher, symmetrischer

Folge um einen rechteckigen Hof angelegt sind, während die um eine konkave polygonale Fassade konzentrierte Raumfolge auf der Ostseite verzweigter und komplizierter ist und darüber hinaus über ein strahlenförmiges Raumensemble verfügt, in dessen Zentrum sich ein achteckiger Kuppelsaal befindet.

In den nicht enden wollenden Zimmerfluchten, in denen man Kryptoportiken, Nymphäen und Cubicula durchschreitet, besteht leicht die Gefahr, die Orientierung zu verlieren. Immer wieder eröffnen sich außergewöhnliche Ausblicke auf jene phantastischen Wandmalereien, die bei der Entdeckung dieser Anlage im 16. Jahrhundert als »Grotesken« bezeichnet wurden. Hier kann man zwischen dem Indigo, dem Azur und dem Ocker den blühend-flüssigen Stil (*floridus et humidus*)[4] des Fabullus erkennen: die Vielfalt seiner Dekorationen, sein weich fließender Pinselduktus, die theatralisch-phantastischen Details. Vom sogenannten »vergoldeten Gewölbe« bis hin zu dem achteckigen Saal ist man fasziniert und geblendet vom Spiel der Farben, den märchen- und chimärenhaften Erfindungen.

Unumgänglich ist die Frage nach dem philosophischen Hintergrund im Denken dieses Herrschers. Hier ist die Idee der kaiserlichen Residenz als *instrumentum regni* für eine Politik verwirklicht, die gemäß dem orientalischen Vorbild einer sakralen Vision des Herrschers auf die göttliche Überhöhung des Kaisers hinauslief.

NUTZBAUTEN

Konnten wir in den vorangegangenen Kapiteln die Bauwerke aufgrund ihrer gleichartigen Nutzung ordnen, so wird dies im folgenden weitaus schwieriger sein. Die hier vorgenommene Auswahl beinhaltet hinsichtlich ihres Bestimmungszwecks unterschiedliche Gebäude. Als gemeinsamer Nenner gilt der allgemeine Aspekt »öffentliches« oder besser gesagt »gemeinnütziges Gebäude«.

Latrinen und Zisternen beispielsweise dokumentieren das zu jener Zeit bereits erreichte hohe Niveau der Wasserversorgung und die rationelle Verteilung des Wassers, die durch eigens dafür eingesetzte Beamte, die *Curatores aquarum*, geregelt wurde. Die Sonnenuhr hingegen war eine symbolische und propagandistische Einrichtung, die gleichzeitig ein wichtiges Instrument für die Zeitmessung darstellte. Auch das Stadion als Stätte des öffentlichen Vergnügens diente feierlichen Zwecken und zur Umsetzung der Politik des *panem et circenses.*

Der Kerker erfüllte eine nicht minder nützliche und dem öffentlichen Konsens dienende Funktion. Der Mamertinische Kerker ragte darüber hinaus aufgrund seiner strategisch günstigen Lage unter den verschiedenen Gefängnissen als das abschreckendste und finsterste hervor.

Ein facettenreiches öffentliches Bauwesen also, das dem doppelten Bedürfnis nach Nützlichkeit und Vergnügen Genüge tat und ein repräsentatives Bild der Hauptstadt in den Jahrhunderten der Kaiserzeit vor Augen führt, indem es ihren Glanz und ihr Elend illustriert.

Sette Sale

*Vorhergehende Seiten:
Einer der Wandelgänge
im Stadion des Domitian.*

*Rechts: Die imposante
Fassade der großen
Anlage der »Sette Sale«
(sieben Säle). Eine der
größten Zisternen der
Antike, die mit ihrer perfekten und effizienten
Wassertechnik die erste
große römische Thermen-
anlage, die Trajans-
Thermen, versorgte.*

Zu den versteckten Schätzen auf dem
Oppius zählt eine der imposantesten und
größten Zisternen der Antike: die »Sette
Sale«. Majestätisch, zu den Ausläufern
der Straße wie das Maul eines großen
Wals geöffnet, ist sie ein Beispiel für das
römische Architekturgenie, eine steinerne Definition des Vitruvschen Prinzips
der »Beständigkeit, Nützlichkeit und
Schönheit«. Diesem Prinzip stellte Plinius d. Ä. die »unnütze und maßlose
Prahlerei der Pyramiden« gegenüber
und verlieh damit voller Stolz auf seine
Herkunft der Überzeugung Ausdruck,
daß die Römer nützliche, schöne, vor
allem aber stabile und dauerhafte Bauwerke errichteten. Hierin zeigt sich, wie
die Monumentalität Roms als Ausdruck
der moralischen und politischen Größe
des Imperiums im Bewußtsein seiner
historischen Mission und seiner univer-
salen Bedeutung empfunden wurde.
Niemandem ist die wohldurchdachte
und funktionale Architektur dieser was-
sertechnischen Anlage entgangen, die

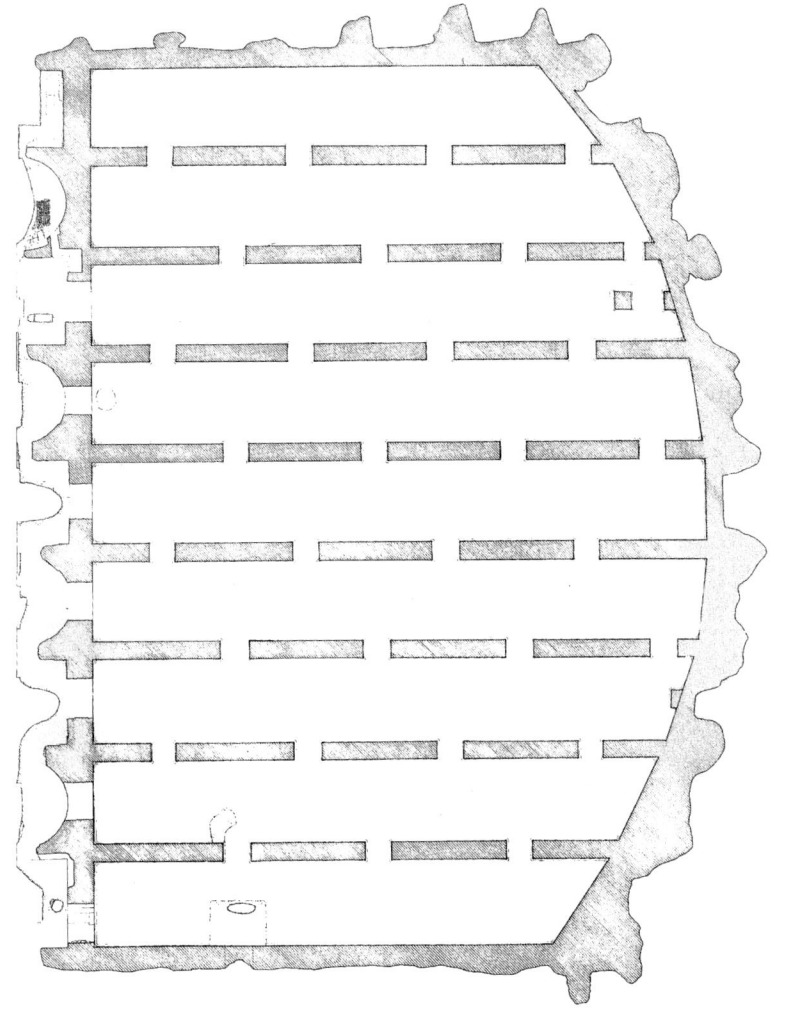

konnte und über den Strang eines der Aquädukte versorgt wurde, die über die Porta Maggiore und den Esquilin nach Rom führten (wahrscheinlich die Aqua Iulia). Eine perfekte Technik zur Versorgung der ersten großen Thermenanlage Roms, der Trajans-Thermen, die der geniale Architekt Apollodorus von Damaskus entwarf, der für seine planerischen und technischen Fähigkeiten berühmt war. Nymphäen, Brunnen und die Becken der Thermen wurden durch den enormen Wasserzufluß jener *aquae* (Wasserleitungen) versorgt, die später der Zerstörungswut des Ostgotenkönigs Witigis zum Opfer fielen.

Eingepaßt in eine Vertiefung des Geländes, gibt diese beeindruckende Zisterne nur den Blick auf die bewegte zweistöckige Front mit schöner Ziegelverkleidung frei. Neun Nischen[1] – abwechselnd halbkreisförmig oder rechteckig –, die ebensovielen Sälen entsprechen, betonen die Fassadengliederung. Im Inneren der Nischen der unteren Reihe kann man oben die Austrittsöffnungen der *fistulae*[2] sehen: zwei an den Seiten der Öffnung mit rechteckigen Nischen und eine in der Mitte der halbkreisförmigen. An die Mündung jeder *fistula* waren Bleiplatten gelötet, die zusätzlich an der Wand befestigt und mit gepreßtem Ton überzogen wurden, um den Austritt von Wasser zu verhindern.

Eine steile Eisentreppe bildet den Auftakt zu dieser aufregenden Reise in die Unterwelt, die aufgrund der Aufteilung und der Abfolge der Räume und Öffnungen ein-

Oben: Grundriß der Zisterne.

Gegenüberliegende Seite: Blick durch eine Öffnung zwischen den Sälen. Jede Galerie ist mit den anderen durch versetzt angeordnete Öffnungen verbunden, um dem Druck des von einer Galerie in die nächste fließenden Wassers einen höheren Widerstand entgegenzusetzen.

seit jeher Besichtigungsziel und Forschungsobjekt war.

Bis ins kleinste Detail wird die Meisterschaft der römischen Architektur sichtbar: die wohlberechnete Reihung der einzelnen Schiffe, der Verputz aus *opus signinum* (eine Art Beton aus Kalk und zerkleinerten Tonscherben), die Vermeidung von toten Winkeln. Eine gewaltige, genial geplante funktionale Anlage, die maximal 8 165 000 Liter Wasser speichern zigartig ist. Im Inneren sind neun lange Säle[3] parallel nebeneinandergebaut und bilden so einen großen geschlossenen Raum mit drei geraden Seiten und einer gekrümmten Rückwand[4], was dem Wasser den Weg zum Austrittskanal wies und tote Winkel vermied. Jede Galerie steht mit der benachbarten durch vier Bogenöffnungen in Verbindung, die versetzt angeordnet sind, so daß dem Druck des Wassers, das von einem Gang in den nächsten floß, größerer Widerstand entgegengesetzt und die Bildung von Strömungen verhindert wurde. Die Zuflußleitung befand sich in der Mitte der gekrümmten Rückwand. Von dort floß das Wasser in das System der langen Galerien, deren Wände durch den Verputz aus *opus signinum* wasserundurchlässig waren.

Die Aufeinanderfolge der Säle mit den Tonnengewölben und das Licht- und Schattenspiel, das durch die endlosen Fluchten der Öffnungen hervorgerufen wird, hinterlassen einen unvergeßlichen Eindruck.

Die Zisterne wurde mindestens bis zum 5. Jahrhundert n. Chr. benutzt und bot auf der Dachterrasse Platz für mehrere Räume, die sehr wahrscheinlich als Dienstzimmer verwendet wurden. In spätantiker Zeit hat man hier eine prächtige Domus errichtet, deren Überreste bis heute auf der Zisterne zu sehen sind.

Herrliche Fußbodenmosaike künden vom Reichtum dieses antiken Wohnsitzes, der jedoch nicht den unterirdischen Gefilden, sondern der oberirdischen, sonnigen Welt angehörte.

Die römische Zisterne
in der Via Cristoforo Colombo

Auch wenn die große, runde Zisterne von modernen Wohnungen und Hochhäusern umgeben und bedrängt ist, erhebt dieses Denkmal antiker Baukunst dennoch würdevoll seine Stimme zur Bestätigung des römischen Ideals, dauerhafte, nützliche und schöne Bauwerke zu errichten, die den Stürmen der Zeit widerstehen konnten. Zisternen, Brunnen und Aquädukte mit ihrer funktionalen und unprätentiösen Architektur waren in der Tat der Stolz der Römer, ihre Antwort auf die auf ästhetischen Prinzipien beruhende griechische Baukunst.

In jeder Hinsicht mit anderen römischen Wasserspeichern vergleichbar, muß auch die Zisterne in der Via Colombo teilweise oder vollständig unter der Erde gelegen haben. Daß man sie heute überirdisch sehen kann, ist auf die intensiven Ausschachtungsarbeiten für den Bau jener Straße zurückzuführen, die später die Via Imperiale werden sollte (die heutige Via Colombo): eine Verwüstung dieses Gebietes und seiner antiken Bauwerke, die

zur Zuschüttung des Almos (römischer Bach) und zum Abbruch aller existierenden Gebäude in diesem Bereich führte.

Die beträchtliche Absenkung des Straßenniveaus ließ die Zisterne unterhalb eines Gehöfts, das abgerissen wurde, zum Vorschein kommen. Dieses war zu unbestimmter Zeit über dem mittlerweile nicht mehr benutzten Wasserbehälter errichtet worden, der dann während der Grabungsarbeiten wieder ans Licht kam.

Es wurden zwei große, zylinderförmige Gebäude entdeckt, von denen das größere als Zisterne identifiziert werden konnte: ein geräumiger, runder Mantel mit konzentrischen Gängen in *opus reticulatum* (in einem gleichmäßigen Netzmuster verlegte Steine mit quadratischer Vorderseite) gebaut, der in das zweite Jahrzehnt des 2. Jahrhunderts n. Chr. datiert werden konnte.

Im ersten Ring liegen zehn Räume kreisförmig nebeneinander, die durch Bögen miteinander verbunden sind, während das Gewölbe im inneren Gang durch fünf

Bögen in Segmente unterteilt ist. Diese innere Einteilung erzeugt einen gleichmäßigen Rhythmus von großem ästhetischem Reiz.

Über eine Eisentreppe gelangt man in das Innere der Zisterne.[1] Zunächst kommt man in eine Art Vorhalle[2] mit trapezförmigem Grundriß, die mit einem Tonnen-

gewölbe überdeckt und teilweise noch einen Verputz aus *opus signinum* aufweist. Hier beginnt die scheinbar endlose Reihe der aufeinanderfolgenden Bausegmente.[3] Es ist ein beeindruckender Weg, der den Besucher durch seine Kreisform verzaubert und ihn durch die architektonische und optische Schönheit begei-

Ansicht der Zisterne mit einem Mauerverband in opus reticulatum *(2. Jahrhundert n. Chr.). Da sie formal die gleichen Kennzeichen wie andere römische Wasserspeicher aufweist, muß auch diese Zisterne teilweise oder vollständig unterirdisch gelegen haben.*

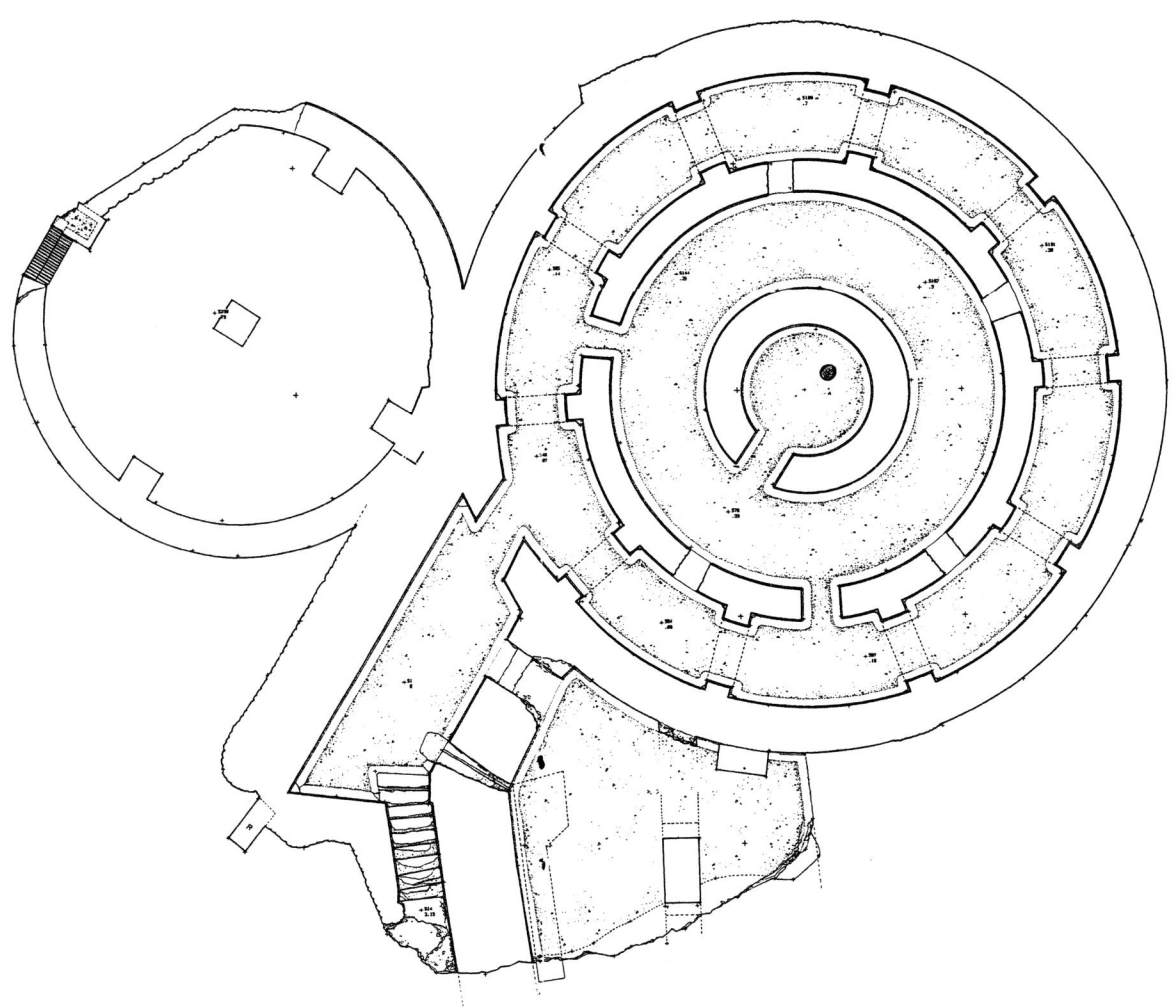

stert. Die Verbindung zwischen den Segmenten und dem inneren ringförmigen
Gang erfolgt durch Bögen und Öffnungen, die die Säle in einem Labyrinth
miteinander verbinden und dazu beitra-
gen, daß der Besucher sich in einem wirbelnden, endlosen Rhythmus verliert. Ein
faszinierender Kreisel, der alle technischen Details bezüglich der Herkunft der
Sesquipedalis (Ziegel mit einer Kanten-
länge von 1¹/₂ Fuß, 45 x 45 cm), der Abdichtung und der Gewölbekonstruktion
in den Hintergrund treten läßt.

Es handelt sich dennoch um ein Beispiel
hochentwickelter Ingenieurkunst, wie die
bemerkenswerte Konstruktion, der Verputz zur Abdichtung aus *opus signinum*
sowie die Dammstufen zur Eliminierung
scharfer Kanten bezeugen.

Die Zisterne sollte nicht, wie man aus
ihrer Lage schließen könnte, eine Villa
mit Wasser versorgen (es gibt keine Überreste einer solchen Anlage), sondern wohl
eher die landwirtschaftliche Nutzung
einer Parzelle über eine Verbindung mit
einem Aquädukt ermöglichen.

Die Sonnenuhr des Augustus

Stolz und feierlich ragt der Obelisk des Pharaos Psammetich II. (Anfang des 6. Jahrhunderts v. Chr.) heute vor dem Parlamentspalast in die Höhe und wirft seinen schmalen Schatten auf die Piazza di Montecitorio. Ursprünglich stand er in Heliopolis. Augustus ließ ihn auf das Marsfeld bringen, wo er als *gnomon* (Zeiger) seiner riesigen Sonnenuhr dienen sollte. Hoch (21,80 m), schlank und spitz zulaufend, feierte er die Eroberung Ägyptens durch Augustus und richtete sein Hoheslied an die Sonne.[1] Er zeigte die Stunden, die Tage, die Zyklen der Jahreszeiten, die Winde und den Einfluß der Gestirne mit Hilfe eines Rasters aus Zeitlinien an, das auf dem weiß schimmernden Kalkstein lag. Als Sinnbild des Kosmos skandierte er die Erfordernisse der Zeit zu Ehren des Kaisers. »Dem auf dem Marsfeld stehenden Obelisken gab der vergöttlichte Augustus eine bemerkenswerte Bestimmung, nämlich die Schatten der Sonne und auf diese Weise die Länge der Tage und

Nächte anzuzeigen; er ließ [entsprechend] der Länge des Obelisken ein Steinpflaster in den Boden legen, dem der Schatten am Tage der Wintersonnenwende in der sechsten Stunde gleichkommen sollte und der allmählich nach den aus Erz eingelegten Streifen an den einzelnen Tagen abnahm und wieder länger wurde, eine Anlage, die wert ist, sie kennenzulernen, ersonnen vom Scharfsinn des Mathematikers Novius Facundus. Dieser ließ an der Spitze eine vergoldete Kugel anbringen, in deren Scheitel sich der Schatten in sich selbst sammeln sollte, da ihn die Spitze sonst unregelmäßig geworfen hätte; auf diese

Einrichtung soll er durch den Schatten vom Kopf eines Menschen gekommen sein.«[2]

An der Konstruktion dieser Sonnenuhr (10 v. Chr.) waren gelehrte Astronomen und Mathematiker aus Alexandria beteiligt, die die Zeit in einem Rasterschema gebändigt hatten, das auf dem Platz durch eine glänzende Folge bronzener Zeitlinien angezeigt wurde. So entstand eine riesige, horizontale Anzeigetafel, deren metallische Leisten sich zu einem geometrischen, solaren und sakralen Muster fügten.

Der Obelisk war nicht nur ein Zeitmeßinstrument, sondern auch ein Symbol

Gegenüberliegende Seite: Der Obelisk des Pharaos Psammetich II., der heute vor dem Palazzo di Montecitorio steht.

Unten: Schemazeichnung mit einer Verbindungslinie zwischen dem Horologium des Augustus und der Ara Pacis bei Sonnenaufgang am 21. April. Der Obelisk war nicht nur ein Zeitmeßinstrument, sondern auch ein Symbol für die Sonne, den Erdkreis und vor allem für das neue Zeitalter, das mit der Regierung des Augustus angebrochen war.

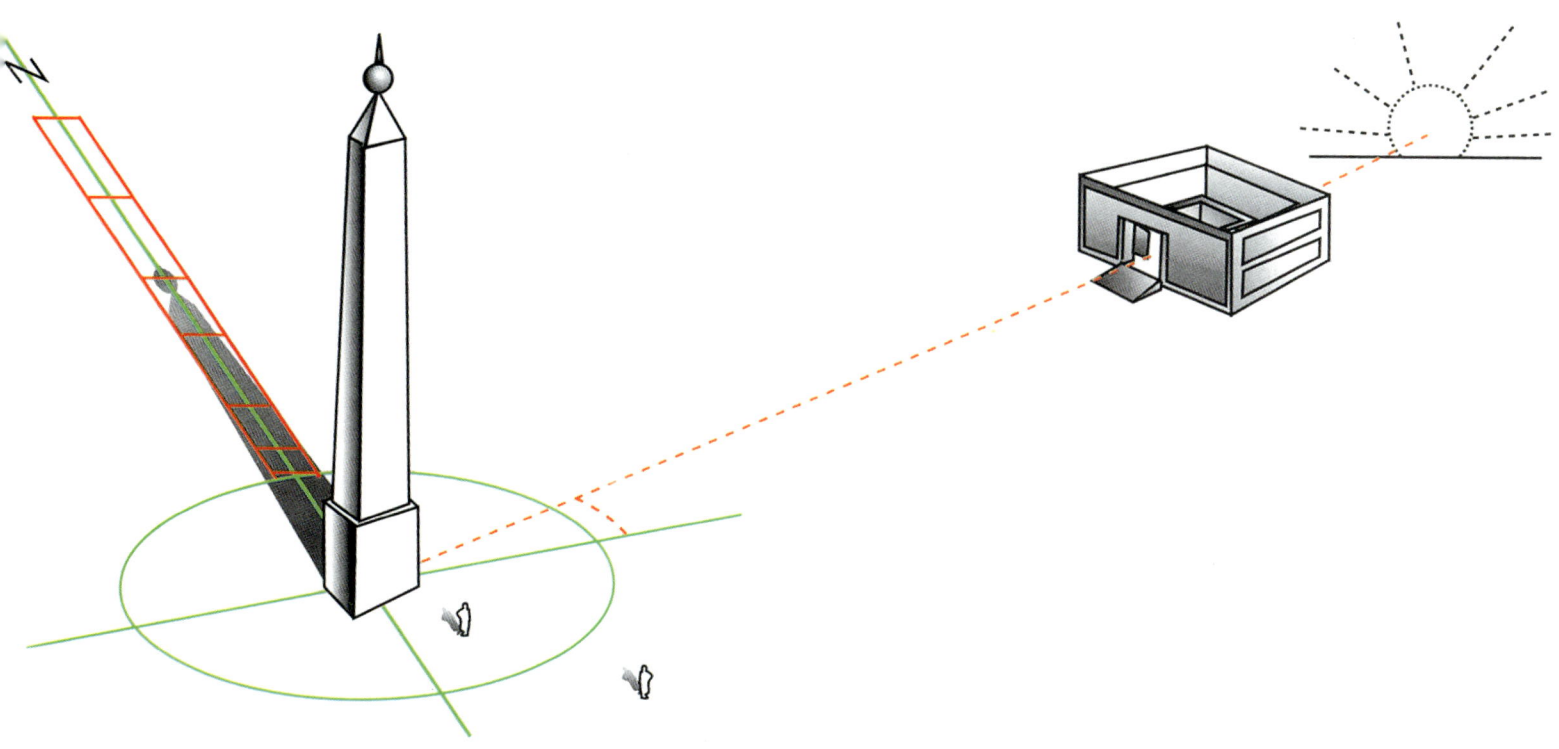

für die Sonne, die Sterne und das augusteische *aurea aetas* (Goldene Zeitalter). Am 23. September, dem Geburtstag des Augustus und dem Tag der Herbst-Tagundnachtgleiche, verlängerte sich der Schatten des *gnomons.* Dies war eine Möglichkeit, die Geburt des Kaisers symbolisch zu betonen, der vom Schicksal dazu bestimmt war, eine neue Ära des Friedens und der Größe Roms unter seiner Herrschaft zu begründen. Der Obelisk aus rosafarbenem Granit war in einem solchen Winkel aufgestellt, daß

eine seiner Seiten die aufgehende Sonne am 21. April, dem Geburtstag der Stadt Rom, begrüßte. Alles war also sorgfältig bedacht worden, um die Schicksalhaftigkeit der Geburt desjenigen zu demonstrieren, der sich als erster mit dem Titel Augustus schmücken sollte.

Von dieser großartigen, überwältigenden Platzanlage (von Osten nach Westen etwa 160 Meter breit und in nord-südlicher Richtung 75 Meter lang) ist fast nichts erhalten geblieben.[3] Einige Travertinplatten mit bronzenen Buch-

staben und Zeitlinien befinden sich in acht Metern Tiefe in einem Keller unter dem Haus Nr. 48 in der Via del Campo Marzio.[4] Man betritt den Raum über einen kleinen Hof und eine Leiter. Ein-

gelassen zwischen dem Zeichen der Jungfrau und dem des Widders erkennt man eine griechische Inschrift: »Die Etesischen Winde legen sich« *(Etesiai Pauontai).*

Oben: Die Ara Pacis des Augustus.

Folgende Doppelseite: Detail der Ara Pacis.

Das Stadion des Domitian

Ansicht der Stützmauer für die Zuschauerränge der antiken cavea *des Stadions. Ein gößerer Abschnitt in der Nähe eines der Haupteingänge ist unversehrt erhalten geblieben.*

Unter dem Pflaster der Piazza Navona liegt das Stadion des Domitian, das dieser im Jahre 86 n. Chr. hatte bauen lassen. Nach dem Vorbild der griechischen Wettkämpfe, die er nach Rom zu exportieren gedachte, gründete er dort das *certamen capitolinum,* eine Veranstaltung mit verschiedenen Wettbewerben zu Ehren des Kapitolinischen Jupiter, die wie die älteren Neronischen Spiele alle fünf Jahre stattfand und neben sportlichen Turnieren auch musische Wettkämpfe einschloß. Das Reglement der Ereignisse sah vor, daß auf den Wettlauf[1] und den Rednerzweikampf zunächst der Faustkampf und die lateinische Dichtung, dann der Diskuswurf und die griechische Dichtung und schließlich der Speerwurf und die Musik folgten, in einer gemischten Wettbewerbsordnung, die vorsah, daß die athletischen Wettkämpfe im Wechsel mit den künstlerischen Disputen stattfanden. Das von Domitian gegründete *certamen* zeichnete sich im Festprogramm der Hauptstadt durch umfangreiche Zeremo-

*Unten: Eine bogenüber-
fangene Innennische.*

*Gegenüberliegende Seite:
In gleichbleibendem
Rhythmus führte nach
jeweils fünf Arkaden-
bögen eine gemauerte
Treppe zu den oberen
Rängen.*

nien aus, die mit einem prunkvollen Fest
in Anwesenheit des Kaisers eröffnet wurden, der sich bei dieser Gelegenheit »mit
Sandalen an den Füßen und in einer pur-
purnen Toga nach griechischem Schnitt
[zeigte], auf dem Haupt eine goldene
Krone mit dem Bild Jupiters, Junos und
Minervas; ihm zu Seite saßen in gleichem
Aufzug der Jupiterpriester und das Flavische Priesterkollegium, außer, daß auf
deren Kronen auch das Bild des Kaisers
war.«[2] Zur Austragung dieser umfangreichen Veranstaltung benötigte man neben
dem Stadion *(circus agonalis)*[3] ein Odeon
für die musikalischen Aufführungen, die
Dichterlesungen und die Rednerwett-
streite. Beide Bauwerke überlebten im
modernen Stadtplan, der seine antiken

Wurzeln stolz widerspiegelt. Das Oval
der Piazza Navona entspricht der Innen-
fläche des Stadions, und der nahegele-
gene Palazzo Massimo alle Colonne
überliefert mit seiner ungewöhnlichen
Architektur nach den Plänen Peruzzis die
ursprüngliche Form des Odeons. Da das
Odeon etwa 10 000 und das Stadion
30 000 Plätze hatte, war der Zulauf bei
dieser Art von Veranstaltung recht beeindruckend. Und dennoch handelte es sich,
verglichen mit den Massen, die in die
Amphitheater strömten – das Kolosseum
verfügte insgesamt über etwa 80 000 Sitz-
und Stehplätze –, um eine eher unwich-
tige Angelegenheit. Die Unterschiede bei
den Zuschauerzahlen waren im übrigen
nicht nur darin begründet, daß die *mu-*

nera (öffentlichen Spiele) im Vergleich zu den sportlichen Turnieren und den musischen Wettstreiten spektakulärer waren, sondern hierin zeigte sich auch eine Art von moralistischem Chauvinismus, insofern, als den athletischen Wettkämpfen der Makel anhaftete, »importiert« zu sein, aber vor allem wegen der Nacktheit der Wettkämpfer. Die *certamina greca* (griechische Wettkämpfe) des Kapitolinischen Agons waren bei den Römern nicht sehr angesehen, nicht einmal bei der intellektuellen Schicht, die die Gladiatorenkämpfe als blutrünstig und brutal ablehnte. Bereits Cicero wiederholte das Urteil des Ennius, der meinte: »Anfang der Schandtat ist es, unter Mitbürgern seinen Körper zu entblößen«[4], und Tacitus bestätigte diese Meinung, indem er schrieb: »Es fehlt nur noch, daß sie nackt auftreten, den Handschuh eines Faustkämpfers anlegen und sich in solchen Kämpfen üben anstatt im Kriegs- und Waffendienst.«[5]

Das Wettkampfstadion war etwa 275 Meter lang und 106,10 Meter breit und hatte zwei lange gerade und eine schmale gekrümmte Seite. Von außen wirkte es majestätisch und streng, mit einer Reihe von Säulen und Arkaden[6], zwischen denen sich verschiedene Etablissements ansiedelten, von kleinen Ständen und Lebensmittelverkäufern bis zu Bordellen.

Zwei Arkadengeschosse auf Travertinpfeilern[7], die sich mit Statuen und anderen Dekorationselementen abwechselten, gliederten die Außenfassade und verliehen ihr monumentale Würde. Von einem

Balkon an der Piazza Tor Sanguigna kann man das gesamte Stadion überblicken und seine ursprüngliche Größe mit Hilfe eines der Haupteingänge[8] rekonstruieren, der an seiner schönen Travertinarkade und den Resten eines *prothyrons* (Vorhalle des griechisch-römischen Hauses) in Form einer fragmentarisch erhaltenen Säule aus Portasanta-Marmor zu erkennen ist.[9]

Gegenüberliegende Seite: Die rhythmische Aneinanderreihung von Wandelgängen und Sälen.

Oben: Einer der zentralen Wandelgänge. In der Mitte ist eine der hier gefundenen Statuen des Apollon Lykaios (leierspielender Apollon) aus dem Umkreis des Praxiteles aufgestellt.

Die Latrine in der Via Garibaldi

Seit dem Beginn der Kaiserzeit waren die Römer stolz darauf, nicht nur schöne, sondern vor allem zweckmäßige und technisch perfekt funktionierende Bauwerke zu errichten: »Die Römer haben vor allem an das gedacht, was jene [die Griechen] vernachlässigt hatten: nämlich daran, Straßen zu pflastern, Gewässer zu kanalisieren, Abwasserleitungen zu bauen, die alle Abfälle der Stadt in den Tiber leiten konnten, [...] solchermaßen groß sind die Wassermengen, die von den

Aquädukten herangeführt werden, um Flüsse durch die Stadt und durch unterirdische Leitungen laufen zu lassen.«¹ Dennoch sind die Kloaken Roms nie mit den Wohnungen der Insulae verbunden worden, und es wäre ein Irrtum anzunehmen, daß es im antiken römischen Haus Abwasserkanäle gegeben hat. Mit Ausnahme der Privilegiertesten – der wohlhabenden Besitzer einer Domus –, die eine private Latrine besaßen, mußten alle Bürger die öffentlichen Latrinen, die

Dieses Detail eines Freskos mit einer eleganten Kandelaberdekoration dokumentiert das hohe Maß an malerischer Raffinesse, das selbst bei der Ausstattung von Latrinen angewandt wurde.

foricae, besuchen. An der nächstgelegenen *forica* entrichtete man eine geringe Benutzungsgebühr. Die Gemeinschaftslatrinen unterstanden nämlich speziellen Pächtern der Finanzbehörde: den *conductores foricarum.*

Es handelte sich meist um sehr angenehme, sorgfältig ausgestattete Örtlichkeiten, wo sich die Menschen trafen, um miteinander zu plaudern. Manchmal wurde wohl auch eine Einladung zum Mittagessen ausgetauscht: »Wenn Vacerra in allen öffentlichen Bedürfnisanstalten Stunden verbringt und dort den ganzen Tag sitzt, dann möchte Vacerra gern speisen und nicht kacken.«[2] Man setzte sich bequem auf die Bank, die häufig von einer gemeißelten Konsole in Form eines Delphins getragen wurde. Rundherum gab es eine reichhaltige Ausstattung an Statuen, Stuck und Springbrunnen inmitten einer prachtvollen Mosaik- oder Freskendekoration zu be-

staunen. Die Behaglichkeit dieser sowohl raffinierten als auch freundlichen Umgebung erinnert an den Orient mit all seiner Pracht.

Die untersten Bevölkerungsschichten verkehrten sicherlich nicht an diesen luxuriösen Orten, sondern begnügten sich – im günstigsten Fall – damit, Krüge zu füllen. Den Inhalt verkauften sie an die Gerber, die auf diese Weise preiswert an die Chemikalien kamen, die sie zur Lederverarbeitung benötigten. In Rom gibt es bis heute einige Beispiele für solche antiken Latrinen. Eine wurde 1963 nach dem Einsturz einer großen Mauer entdeckt, die als Stütze für den vor der Kirche San Pietro in Montorio liegenden Platz diente. Das Bauwerk dokumentiert bis heute eine aufwendige Wanddekoration und die Organisation eines ebenso kuriosen wie effizienten öffentlichen Dienstleistungssystems. Zu erkennen ist auch der schmale Kanal für das Abwasser.

Gegenüberliegende Seite: Fragment des Fußbodenmosaiks aus weißen und schwarzen Steinchen.

Unten: In den Putz sind Graffiti, kleine Zeichnungen und verschiedene Inschriften eingeritzt, die diesem antiken Denkmal trotz seiner eleganten Dekoration etwas Bodenständig-Alltägliches verleihen.

Die Wachkohorte VII

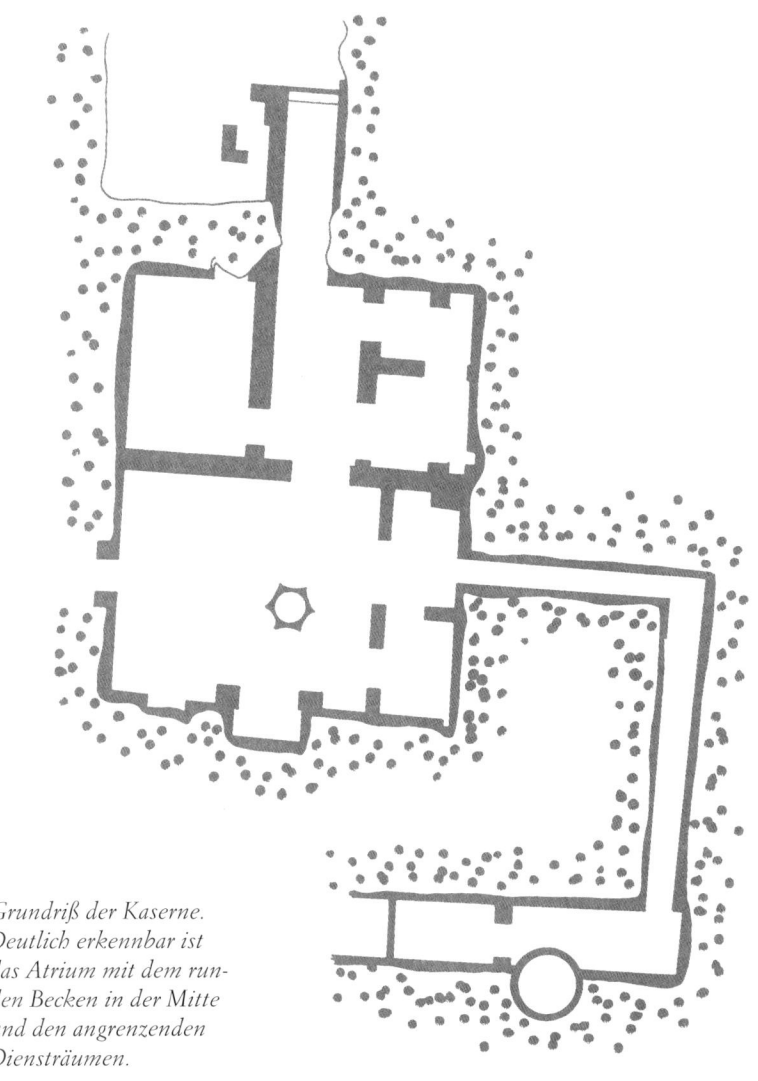

*Grundriß der Kaserne.
Deutlich erkennbar ist
das Atrium mit dem run-
den Becken in der Mitte
und den angrenzenden
Diensträumen.*

Dem prunkvoll in Szene gesetzten Rom mit seinen Foren, Tempelanlagen, Statuen und Reiterstandbildern, mit seinen farbig leuchtenden Marmorböden und den eleganten, von Kolonnaden, Bäumen und Brunnen umgebenen Plätzen, dem rhetorisch-feierlichen Rom der öffentlichen Präsentation stand ein Rom aus Backstein und Holz gegenüber, das auf engstem Raum zusammengedrängt und in den Schraubstock der überfüllten Wohnblöcke gezwängt war. Eine »andere« Stadt mit weniger Luxus und von volkstümlichem Charakter, die stark an die überbevölkerten, quirligen Stadtviertel von Marrakesch erinnert. Dieses Rom war die Frucht eines ungeordneten städtischen Wachstums, das sich in den Nischen verdichtete, die von der Ausdehnung der reichen Wohnhäuser und vom Prunk der öffentlichen Platzanlagen unberührt geblieben waren. Eine Wohnsituation, die weit entfernt war von der auf Hochglanz polierten Pracht der aristokratischen Residenzen. Die Kehrseite

*Vorhergehende Seite:
Gesamtansicht des
Atriums.*

*Oben: Das Becken mit
konkav eingezogenen
Außenseiten in der Mitte
des Atriums.*

dieses wohlgeordneten Luxus war ein schlichteres, chaotisches Bild mit fünf- oder sechsstöckigen Insulae, die sich beständig in vertikaler Richtung entwickelten und aus einfachen, leicht brennbaren und schnell zerfallenden Materialien bestanden. Höhe wurde oftmals auf Kosten der Stabilität erreicht, Einstürze waren an der Tagesordnung. »Kein Mensch fürchtet jemals Hauseinsturz im kühlen Praeneste«, schreibt Juvenal, »oder in Volsinii auf seinen Waldeshängen noch im bescheidenen Gabii oder in Tibur, hoch über dem Abhang. Wir aber wohnen in einer Stadt, die zum großen Teil auf schwachen Stützbalken ruht, denn so hemmt der Hausverwalter den Zusammenbruch, und wenn er alte klaffende Risse ausgebessert

hat, heißt er uns ruhig schlafen, während beständig Einsturz droht.«[1] Der massive Einsatz von Holz für Decken und Wände sowie für das Hausgerät und das spärliche Mobiliar stellte eine ständige Bedrohung für den Bestand des Wohnblocks und das Leben seiner Bewohner dar. Nur wenig halfen die Brandschutzkorridore gegen den ständigen Gebrauch von tragbaren Öfen, Kerzen und Fackeln als Nachtbeleuchtung in den Wohnungen. »Schon ruft Ucalegon nach Wasser, schon schleppt er ein bißchen Kram heraus, im dritten Stockwerk qualmt's schon, du aber weißt es nicht.«[2] Das Wasser war in den Wohnungen im übrigen äußerst knapp und meist – gegen entsprechende Bezahlung – den Privilegierten im Erdgeschoß vorbehalten. Sicherlich wäre es klüger gewesen, dem Ratschlag Juvenals zu folgen: »Dort sollte man wohnen, wo es keine Brände gibt, wo man sich nachts nicht fürchten muß.«[3]

Augustus hatte deshalb dafür gesorgt, daß eigens gegen die Gefahr ein Militärkorps aufgestellt wurde (6 n. Chr.): die neue Miliz der *vigiles* (Wächter), die neben dem Brandschutz den polizeilichen Nachtdienst gegen Einbrecher, Diebe und Hehler versah. Dieses von einem *praefectus vigilum*[4] geleitete Korps war in sieben Kohorten und diese wiederum in sieben Zenturien untergliedert.[5] Berücksichtigt man die augusteische Einteilung der Stadt in 14 Bezirke, leistete jede Kohorte Dienst in zwei Bezirken, indem sie in einem der beiden ihre Kaserne (*statio*) errichtete, während in dem anderen eine Truppenabteilung und eine Wachmannschaft stationiert waren (*excubitorium*).

Das einzige erhaltene und gegenwärtig zugängliche Gebäude dieser Wachtruppe ist die kleinere Kaserne der ständigen Truppenabteilung der VII. Kohorte, die für die Überwachung des XIV. Bezirks (Trastevere) zuständig war. Das heute unterirdisch gelegene Gebäude[6] ist gegen Ende des 2. Jahrhunderts n. Chr. auf einem privaten Wohnhaus entstanden.

Eine bequeme Treppe führt ins Innere und mündet in einen großen, nur spärlich vom Streiflicht einiger höher gelegener Fenster beleuchteten Saal. Die Wände mit rotbrauner Backsteinverkleidung lassen eine nachlässige Mauertechnik und die halbherzigen architektonischen Bemühungen

um ein Gebäude mit offensichtlich öffentlicher Funktion erkennen. Ein Bodenbelag aus schwarzweißen Mosaiksteinchen, der im Zweiten Weltkrieg verlorenging, zeigte einen von Seewesen und Tritonen aufgeführten Wasserreigen, der symbolisch den Triumph über das Feuer zum Ausdruck bringt. Ein schönes hexagonales Becken unterbrach mit seinen konkav geschwungenen Außenseiten diesen wirbelnden Tanz, indem es den Blick auf die Frontseite mit dem eleganten Portal und den Schrein für den *genius excubitori* lenkte.[7] Um den Hauptsaal gruppieren sich einige Räume mit unklarer Funktion. Es handelt sich sicherlich um Diensträume, zu denen auch eine Latrine gehört zu haben scheint. Eine dichte Reihe von Graffiti[8] überliefert die Namen der Soldaten, ihre Sorgen, ihren Aberglauben und vor allem die Mühsal einer schweren Arbeit, die mit wenigen, einfachen Mitteln versehen wurde: mit Stangen, Leitern, Stricken und Spezialdecken, den sogenannten *centomes,* die naß gemacht und zum Ersticken der Flammen verwendet wurden. Für die Wasserzufuhr durch Schläuche verfügten die *vigiles* über spezielle Pumpen (*siphones),* wenn sie nicht die Kraft ihrer Muskeln nutzten, indem sie mit Pech abgedichtete Eimer (*vasa spartea*) oder als *hamae* bezeichnete Behälter von Hand zu Hand weiterreichten. Aus den Graffiti erfährt man auch von den Beschwernissen der Nachtschicht und den Schwierigkeiten der *sebaciarii*[9], die Fackeln für die nächtlichen Wachgänge zu präparieren, um für eine gewisse Sicherheit zu sorgen.

Anmerkungen

DER MITHRASKULT

[1] Um die Gestalt des Gottes Mithras besser zu verstehen, sollte man die umfangreichen iranischen Schriften studieren (*avesta*), die die Reform des Zarathustra fixieren, eine monotheistische Reform, die sich nach einem Kompromiß mit dem antiken arischen Naturalismus zwischen dem 7. und dem 6. Jahrhundert v. Chr. wirksam durchsetzte. Sie führte die Gestalt des Ahura Mazda (Allweiser Herr) als obersten Gott ein, den Verwahrer der reinen und umfassenden Lehre, dem die Erschaffung alles Guten zugeschrieben wurde. Bei dieser Aufgabe standen Ahura sechs »unsterbliche Heilige«, Amesha Spenta, zur Seite, die wie er Garanten der Gerechtigkeit, der Wahrheit und der Reinheit waren. Dieser obersten göttlichen Hierarchie stand eine weitere zur Seite. Sie bestand aus untergeordneten Engeln, die Yazata (Ehrwürdige) hießen. Einer der Yazata war Mithras, ein arischer Gott, der dem mazdaischen Pantheon angehörte. Ihm war der 10. Yast (10. Gesang) gewidmet. Für weitere Erläuterungen zum religiösen Kontext des iranischen Mithras und die Zusammenhänge mit dem römischen Mithraskult wird auf die Bibliographie verwiesen.

[2] Das Hauptquartier der Piraten lag in Kilikien, in Kleinasien. Es waren etwa 20 000 Mann, die auf dem Höhepunkt ihrer Macht im gesamten Mittelmeerraum aktiv waren.

[3] Er fand wegen seines kämpferischen Wesens und der Lehre der ethischen Erlösung insbesondere bei den Soldaten weite Verbreitung.

[4] Der zeugende Stein hat im Kontext der Mithrasreligion kosmische Bedeutung (hierzu s. den nachfolgenden Abschnitt). Nach den mithräischen Auffassungen war die Erde (und somit der Stein) Symbol für die Materie, aus der der Kosmos besteht (vgl. Porphyrius, Anm. 6). Mithras stellt in einer sonnenhaften, leuchtenden Vision das aus dem festen (materiellen) Himmelsgewölbe entspringende Licht dar.

[5] Es handelt sich hier symbolisch um die Prüfungen, die ein Probant bestehen muß, um in den Kreis der Adepten aufgenommen zu werden.

[6] Porphyrius, *De antro nympharum*, 6, 20.

[7] Porphyrius, *op. cit.*, 5, 1.

[8] Tertullian, *De corona*, 15, 3.

[9] Julius Firmicus Maternus, *De errore profanarum religionum*, 5, 2, übers. und erläutert von Konrat Ziegler, München 1953.

[10] Vgl. Anm. 6. Im antiken Rom gründete sich die Astrologie auf das ptolemäische System, nach dem das Himmelsgewölbe (der Himmel der Fixsterne) täglich um die Erde kreist. Auch die Sonne kreist mit den Planeten um die Erde.

[11] Origenes, *Contra Celsum*, VI, 22, übers. von Paul Koetschan, II, München.

[12] Die Initiationsstufen des Mithraskultes sind in einer Schrift des heiligen Hieronymus überliefert (*Epistolae ad Laetum*, CVII,2).

[13] Kürzlich veröffentlichte Merkelbach (*Mithras,* Königstein 1984) eine neue Interpretation, laut der die zweite Initiationsstufe – *nymphus* – eine »männliche Chrysalide« ist, d. h. eine Wortbildung aus Nympha im Sinne von Bienen-, Wespen- oder Schmetterlingspuppe.

[14] Wir wissen, daß die ersten drei Stufen das unterste Initiationsniveau bildeten, auf dem man noch kein Recht zur Teilnahme an den Mysterien hatte. Wer diesen Stufen angehörte, verblieb im Stand eines Dieners. Wer weiter aufstieg, trat in den Rang der »Teilnehmer« ein.

[15] Diese Entsprechungen sind jedoch nicht unbestritten, sie werden häufig angezweifelt. Der Vollständigkeit halber soll hier auch erwähnt werden, daß sich im Mithräum von Santa Prisca eine andere Reihung findet, bei der die Schutzpatrone oder *tutelae* anders verteilt waren: *corax* – Merkur, *nymphus* – Venus, *miles* – Mars, *leo* – Jupiter, *perses* – Mond, *heliodromus* – Sonne, *pater* – Saturn.

[16] In vielen Mithräen waren diese Etappen an den Wänden oder auf dem Fußboden symbolisch dargestellt (zum Beispiel die sieben Sphären und die sieben Tore in Ostia).

[17] Haoma war ein berauschendes Getränk, das wohl bereits im mazdaischen Ritual verwendet wurde. Es wurde mit einer Anrufung in den Yast erwähnt. Die 21 Yast sind Hymnen oder Gesänge für Laien, sie waren den Yazata, den unteren Göttern der Mazda-Theologie, gewidmet, denen auch Mithras angehörte. Unter den Yazata war Mithras zur Zeit von Artaxerxes II. ein arischer Gott, der dem mazdaischen Pantheon angehörte.

[18] *Vgl.* Justinus, *I Apologia*, LXVI, 4.

[19] Es handelt sich hier um den Papyrus Anastasi (*Supplément grec du récueil magique,* Nr. 574), den man fälschlich für eine Mithrasliturgie hielt. Er enthält jedoch eher der synkretistischen Kultur Ägyptens oder der hellenistisch-alexandrinischen Kultur verpflichtetes Gedankengut.

[20] Wir wissen nicht, ob man während des Rituals tatsächlich Stieropfer darbrachte, oder ob – was wegen der Schwierigkeit, ein solches Tier in das Mithräum zu bringen, wahrscheinlicher wäre – das Verzehren von Brot und Wein dieses Opfer versinnbildlichte. Aufgrund der *fossa sanguinis*, z. B. im Mithräum unter den Caracalla-Thermen, könnte man jedoch durchaus annehmen, daß dort reale Opfer gebracht wurden und dort *tauroboli* (Taufen im Stierblut, wie im Kult der *Magna Mate*r) stattfanden.

[21] Macrobius, *Saturnaliorum libri*, I, 17, 58.

[22] Im Zoroastrismus und im Zervanismus stand die unbegrenzte Zeit an höchster Stelle der Götterhierarchie, sie war Ursprung aller Dinge.

[23] Fackelträgerstatuen oder auch gemalte Fackelträger finden sich häufig an den Eingängen der Heiligtümer; sie hatten die Aufgabe, die Schwelle zum Mithräum zu markieren.

[24] Ostia mit seinen 18 Mithräen wurde hier bewußt nicht behandelt, denn es war eine autonome Stadt und gehört damit nicht hierher.

[25] Die Wirkung sollte die Erfahrung des Aus-sich-Heraustretens ermög-

lichen, wie sie heute noch in einigen Makumba-Ritualen Lateinamerikas gesucht wird.

DAS MITHRÄUM AM CIRCUS MAXIMUS

[1] Es handelt sich hier um die Startboxen für die Wagenrennen.

[2] Der Wortlaut ist wie folgt: »Deo Soli Invicto Mithrae Ti(berius) Cl(audius) Hermes ob votum dei typum d(ono) d(at)« (»Dem unbesiegten Sonnengott Mithras schenkt Tiberius Claudius Hermes dieses Bild des Gottes, das er ihm durch ein Gelübde versprochen hat«).

[3] Das Werk kann in das 3. Jahrhundert n. Chr. datiert werden.

[4] Bimsstein wurde hauptsächlich dazu verwendet, das Innere einer Grotte zu imitieren.

[5] Es kann nicht ausgeschlossen werden, daß der flache Sockel ein Altar war.

[6] Diese Ädikula wurde erst später eingebaut. Zuvor war vermutlich an der gleichen Stelle das große Relief mit der Stiertötung angebracht.

[7] Einige Wissenschaftler lesen die Inschrift so: »Magicas/inbiti fas/ey bene Gentio/Aternius/Biro« (»Es ist erlaubt, in die magischen [Künste] einzudringen. Es lebe Gentio, Aeternius, Biro«). Andere schlagen folgende Interpretation vor: »Magicas/inbictas: cede Degentio« (»Überlasse die unbesiegten magischen Künste dem Decentio«).

[8] Da sich die *carceres* des Circus Maximus in der Nähe befinden, kann man davon ausgehen, daß es sich um eine den Zirkusspielen gewidmete Gemeinschaft handelte.

DAS MITHRÄUM BARBERINI

[1] Gustavo Giovannoni und Marcello Piacentini entwarfen die Villa.

[2] Die erste Bauphase datiert in die erste Hälfte des 1. Jahrhunderts n. Chr., die zweite stammt vom Beginn des 3. Jahrhunderts n. Chr.

[3] *Yperanthes basem inbicto donum dedit* (AE 1948, 100).

[4] Im Zusammenhang mit der Stiertötung ist Mithras' Umhang fast immer mit Sternen bedeckt.

[5] Diese und auch andere Szenen sind auf einem Fresko im Mithräum von Marino wiedergegeben, dessen Ikonographie der des Barberini-Mithräums sehr ähnlich ist. Die Einführung der Sage von Zeus' Kampf mit den Giganten wird als synkretistischer Kunstgriff interpretiert, der die zu Göttern erhobenen kosmischen Elemente mit den Gestalten des griechisch-römischen Pantheons verbindet: den Himmel mit Jupiter, Zeus, Ahura und Amzda, die Erde mit Juno, Hera und Spenta Armaiti, den Oceanus mit Neptun, Poseidon und Apam-Napat.

[6] In der Theologie des iranischen Mithras erschafft die Zeit den Kosmos in einer Reihe von Schöpfungsakten. Das erste von ihr erschaffene Paar sind der Himmel und die Erde; die vom Himmel befruchtete Erde gebiert Oceanus, so daß schließlich eine Trias entsteht.

[7] Seiner Mittlerfunktion ist der mittlere Tag des Monats, der 16., geweiht.

[8] Die drei letzten Bilder schildern Szenen aus der Sage über den Bündnisschluß zwischen Mithras und der Sonne.

DAS MITHRÄUM UNTER SAN CLEMENTE

[1] Es handelt sich vielleicht um eine Quelle oder um ein antikes Aquädukt, das einige hundert Liter Wasser pro Sekunde heranführte.

[2] Vgl. Porphyrius, *op. cit.*, 5, 5.

DAS MITHRÄUM UNTER DEN CARACALLA-THERMEN

[1] Die Wände dieser Räume sind älter als die Bänke und Pfeiler.

[2] Diese Besonderheit findet sich nur in einem weiteren Mithräum in Latium, nämlich in dem von Sutri.

DER TOD

[1] Daher der Name Lemurien (*lemuria*) für das andere Gedenkfest der Toten, das am 9., 11. und 13. Mai gefeiert wurde. An diesen Tagen waren die Tempel geschlossen, und es durften keine Hochzeiten stattfinden.

[2] Ovid, *Fastorum Libri*, V, übers. und erläutert von Franz Bömer, Heidelberg 1957.

[3] Es war eigentlich die *adprecatio*, die Anrufung der Manen, die in der Abkürzung D.M. oder D.M.S. ausgedrückt wurde. Es folgten der Name des Widmenden und des Empfängers, denen alle persönlichen Daten zugefügt waren.

[4] Ovid, *op. cit.*, II, gibt eine recht detaillierte Darstellung der *parentalia* und der damit verbundenen Traditionen.

[5] Ausonius, *Epistulae*, XXXI. Eine besondere Gelegenheit hierfür waren die *rosalia* im Mai und im Juni, die allerdings nicht nur den Toten galten. Man bedeckte bei diesem Fest jedoch auch die Gräber mit Rosen.

[6] Polybios, *Historiae*, VI, übers. von Hans Drexler, Zürich/Stuttgart 1961.

[7] J.M.C. Toynbee, *Death and Burial in the Roman World*, London 1971.

DIE GRÄBER AN DER VIA LATINA

[1] Die Ausgrabungen an der Via Latina kamen aufgrund der leidenschaftlichen Forschung eines Privatmannes zustande: Lorenzo Fortunati brachte Mitte des 19. Jahrhunderts nach langwierigen Grabungen einen Teil der Straße mit den Gräbern und Grabmonumenten ans Licht. Außerdem entdeckte er die Reste einer großen Villa und Spuren der Basilika Santo Stefano.

[2] Es handelt sich um eine recht konventionelle Tempelform mit zwei überirdischen Stockwerken und einer unterirdischen Kammer. Hier fand man den berühmten »Barberini«-Sarkophag mit den Reliefdarstellungen der Sagen von Protesilaos und Laodameia, der heute in den Vatikanischen Museen aufbewahrt wird.

[3] Dieser Name ist wohl frei erfunden und nicht dokumentarisch überliefert, denn im Innenraum wurden keine Inschriften gefunden. Mit Hilfe eines Ziegelstempels wird die Anlage in das Jahr 159 n. Chr. datiert, die Zeit zwischen dem Tod des Antoninus Pius und dem Beginn der Herrschaft des Marc Aurel.

[4] Hier fand man unter anderem die Inschrift, in der das Kollegium der Pancratii erwähnt wird, daher der Name der Grabanlage.

[5] Es handelt sich um einen schiffsförmigen Sarkophag ohne figürliche Darstellungen und Inschriften.

DER MONTE DEL GRANO

[1] Der Form eines umgedrehten Getreidescheffels (im Italienischen »moggio di grano«) sind wohl der moderne Name des Hügels und die entsprechenden Legenden zu verdanken.

[2] »Um den gesamten Travertin auszugraben, hervorzuholen und zu zerbrechen, der sich innerhalb und außerhalb des Berges befindet, der Monte del grano genannt wird«, vor allem aber, um diesen »fortzutragen und in guten, preiswerten Kalk zu verwandeln«.

[3] Er wurde 1582 entdeckt. Heute wird der Sarkophag in den Kapitolinischen Museen aufbewahrt.

[4] Flaminio Vacca, *Memorie di varie antichità*, 36.

[5] Die Vase befindet sich heute in den Sammlungen des British Museum.

[6] Die Reliefs stellen mythologische Szenen dar, man glaubte jedoch fälschlicherweise, daß es sich um die Geburt des Alexander Severus handelt.

DIE NEKROPOLE AN DER VIA OSTIENSE

[1] In der Nähe der Basilika San Paolo fuori le mura befindet sich eine ausgedehnte Nekropole aus spätrepublikanischer Zeit mit Bestattungen bis zum 2. nachchristlichen Jahrhundert. Sie wurde Ende des 19. und Anfang des 20. Jahrhunderts ausgegraben. Da sie während der Bauarbeiten für eine neue Straße entdeckt wurde, ging ein Teil verloren.

DAS ROMULUS-MAUSOLEUM

[1] Das Gelände, auf dem die Anlage errichtet wurde, gehörte ehemals Herodes Atticus (Annia Regilla hatte es im 2. Jahrhundert n. Chr. als Mitgift in die Ehe gebracht), der dort eine Villa gebaut hatte.

[2] A. Palladio, *I quattro libri dell'architettura*, I.

DAS MAUSOLEUM DES LUCILIUS PETUS

[1] Das antike Niveau des Geländes lag etwa 6 Meter unter dem heutigen.

² Die Inschrift lautet: V. M. LUCILIUS M.F.SCA. PAETUS TRIB. MILIT. PRAEF. FABR. PRAEF. EQUIT. LUCILIA M.F. POLLA SOROR.

³ Es ist nicht auszuschließen, daß diesem oben eine Zinnenreihe aufgesetzt war.

⁴ Das Grabmal war einschließlich des Hügels etwa 16 Meter hoch.

⁵ Vermutlich wurde dieses Grab erst später angelegt, jedoch nicht in christlicher Zeit.

DIE MAUSOLEEN BEI SAN SEBASTIANO
¹ J. Wolfgang Goethe, *Italienische Reise*, III, München 1962.

² Wie viele dieser Anlagen war die Villa zweistöckig und um einen Hof gebaut.

³ Die Villa ist wohl zwischen 240 und 250 n. Chr. errichtet worden. Man erkennt die Weiterentwicklung der Malerei in jener Zeit. Von den älteren Vorläufern wird nur das einfache, geometrisch-lineare Motiv übernommen.

⁴ Die Inschrift in der Fassade des kleinen Mausoleums berichtet, daß der Verstorbene 75 Jahre alt geworden ist und das Grab für sich, seine Freigelassenen und seine Nachkommen errichtet hat. Die Grabanlage hatte zwei Stockwerke.

⁵ Benannt nach der Vereinigung, deren Mitglieder hier bestattet sind.

⁶ Auch das Mosaik auf dem Fußboden nimmt das Motiv wieder auf, dort ist eine Vogelfamilie abgebildet.

⁷ Ein Symbol der Unsterblichkeit, das im Christentum zum Zeichen der Auferstehung wird.

DIE CESTIUS-PYRAMIDE
¹ Spuren der Pyramiden hat man unter den beiden Kirchen gefunden.

² Prospettivo Milanese (Ende des 15. Jahrhunderts).

³ Die Inschrift läuft auf der Ostseite weiter, erwähnt die kurze Zeitspanne, in der die Pyramide errichtet wurde (330 Tage) sowie den letzten Willen des Auftraggebers.

⁴ Er und sein Bruder ließen wohl die Cestius-Brücke zur Tiberinsel bauen.

⁵ Weißer, feinkörniger Marmor aus Luni, in der Nähe von Carrara.

⁶ Sie wurde im 3. Jahrhundert in die Stadtmauer integriert.

⁷ Im Rahmen der Restaurierungsarbeiten im 17. Jahrhundert wurde diese kleine Öffnung auf der Westseite geschaffen.

⁸ Die Grabkammer ist 5,9 Meter lang, 4,1 Meter breit und von einem Tonnengewölbe überspannt.

⁹ Das Dekor bestand aus stehenden und sitzenden Figuren über einem hohen Sockel, auf dem die einzelnen Felder abteilende Kandelaber standen. Heute sind von den ursprünglichen vier Figuren nur noch einige Details zu erkennen.

¹⁰ Im Gewölbe war vielleicht eine Apotheose dargestellt, die auf der Suche nach einem vermeintlichen Schatz zerstört wurde.

DAS COLUMBARIUM DES POMPONIUS HYLAS
¹ Es handelt sich um das Columbarium des Pomponius Hylas, das Mitte des 19. Jahrhunderts vom Marchese Pietro Campana entdeckt wurde.

² Die Inschrift befindet sich in einem von Muscheln gerahmten Rechteck. Über dem Namen der Frau ist der Buchstabe »V« zu erkennen (der Anfangsbuchstabe von *vivit*), was bedeutet, daß sie bei der Ausführung der Inschrift noch lebte.

³ Die eigentliche Form des Columbariums ist nur an der Wand neben der Treppe zu erkennen. Die gesamte Architektur mit Ädikulen und Giebeln hat eine stark theatralische Wirkung. Bezeichnenderweise nennt man eine solche auch an anderen Orten anzutreffende Szenographie »römischer Barock«.

⁴ In dem nackten, mit Weinreben bekrönten Jüngling könnte man Iakchos erkennen, eine mystische Personifikation des Dionysos. Man könnte ihn mit der darunter wiedergegebenen Szene in Verbindung bringen, in der sich der zornige Gott an Orpheus rächt und ihn tötet, da dieser seine Geheimnisse verraten hat (vgl. M. Borda, La decorazione pittorica del colombario di Pomponio Ila, *Atti Accademia Nazionale dei Lincei* 1947, Serie VIII, Bd. 1, fasc. 8).

⁵ Dies ist das Ehepaar, das auf einem kleinen Schild zwischen der Nische und der unteren Zierleiste der Ädikula erwähnt wird.

⁶ Die Bauforscher datieren das Columbarium in tiberische Zeit (1. Hälfte des 1. Jahrhunderts n. Chr.), die Fresken sind später entstanden, vermutlich im 2. Jahrhundert (vgl. die Galerie der Flavier in den Domitilla-Katakomben).

DIE COLUMBARIEN IN DER VIGNA CODINI
¹ Von den bedeutenden Funden, die seit dem 18. Jahrhundert hier gemacht wurden, blieb nichts erhalten. Auch die Urnen, das Marmordekor, die Tonkrüge und die zahllosen Inschriften sind spurlos verschwunden.

² Dieses Columbarium liegt weiter rechts in der Mitte des Grundstücks, etwa sechs Meter unter der Erdoberfläche und wurde vom Marchese Campana entdeckt. Es ist ebenfalls in tiberische Zeit zu datieren.

³ Im Innern befindet sich noch ein Marmorrelief mit einer *dextrarum iunctio* (ein Ehepaar, das sich die Hände reicht) aus severischer Zeit, einer Epoche also, in der hier keine Bestattungen mehr vorgenommen wurden.

⁴ Insgesamt handelt es sich um etwa 500 Bestattungen.

⁵ Dieses Columbarium, das ebenfalls in augusteischer Zeit in *opus reticulatum* errichtet wurde, liegt etwa sieben Meter unter der Erdoberfläche. Es wurde 1847 entdeckt.

⁶ Es handelt sich um etwa 300 Grabstätten.

⁷ Die Fresken dürften erst einige Zeit nach der Errichtung des Columbariums entstanden sein.

⁸ Dieses Columbarium wurde in tiberischer Zeit erbaut und wohl bis in das 2. Jahrhundert n. Chr. benutzt. Es wurde 1852 entdeckt.

⁹ Die Travertinkonsolen dienten als Auflager für Holzbretter, mit deren Hilfe man zu den Loculi gelangen konnte.

DAS WASSER

¹ Nach der orphischen Genealogie waren sie die Töchter des Okeanos.

DAS NYMPHÄUM DER EGERIA
¹ Titus Livius, *Ab Urbe Condita Libri*, I, 21, in *Sämtliche Werke*, München 1967.

² Ovid, *op. cit.*, IV.

³ Herodes Atticus war Gouverneur von Asien und Griechenland. Von seinem Vater wird berichtet, daß er unglaublich reich gewesen sei, weil er einen Schatz zu Füßen der Akropolis gefunden hatte – oder, was wohl eher zutrifft, weil er äußerst geschäftstüchtig war.

⁴ Die Sage erzählt, daß Annia Regilla ihr fünftes Kind erwartete, als ihr Mann sie schlug und mit einem Fußtritt tötete.

⁵ Es könnte auch ein Heiligtum der Demeter in Knidos gemeint sein, das Triopas, der König von Tessalien, gegründet hat. Andere Wissenschaftler sehen eine Beziehung zu Triops, dem König von Argos, der den Kult von Ceres und Demeter nach Rom gebracht hat.

⁶ Von den Gebäuden steht noch die Kirche Sant'Urbano alla Caffarella auf der gegenüberliegenden Seite der Via Appia Pignatelli. Ursprünglich war sie ein der Triade Ceres, Faustina und Annia Regilla geweihter Tempel.

⁷ Ovid, *op. cit.*, III.

DAS NYMPHÄUM DER ANNIBALDI
¹ Nach Lanciani gehörte die Anlage zur Domus Aurea, doch handelt es sich wohl eher um eine reiche Domus, die vom Gipfel des Oppius bis zu den *Carinae* reichte, die Nero zerstören ließ, um Platz für die Domus Aurea zu schaffen.

² Das Nymphäum wurde 1895 während der Bauarbeiten für die Via Cavour entdeckt.

³ Bei den Ausgrabungen fand man zahlreiche Fragmente von Statuen, die wohl die Nischen schmückten, und auch einige Rohre aus Blei, mit denen das Wasser herangeleitet wurde.

DAS AUDITORIUM DES MAECENAS
¹ Das Auditorium wurde 1874 entdeckt. Es besteht aus einem rechteckigen Saal mit einer Apsis an einer der Schmalseiten. Die Struktur der Wände aus sehr kleinteiligem *opus reticulatum* läßt vermuten, daß es gegen Ende der

Republik oder zu Anfang der Kaiserzeit gebaut wurde.

[2] Horaz, *Saturae,* I, 8, in *Römische Geschichte,* hrsg. von Jürgen Hillen, Darmstadt 1987.

[3] Der Saal war bereits in römischer Zeit zur Hälfte in die Erde eingelassen. Durch die oberste Stufe des Zuschauerraums verliefen (später vermauerte) Rohre, aus denen Wasser floß. Aus diesen Gründen hielt man den Raum für ein Nymphäum.

[4] Vgl. Horaz, *Odi,* I, 1.

[5] Die Wandmalereien stammen wahrscheinlich aus der zweiten Bauphase. Es handelt sich um für das frühe 1. Jahrhundert typische Motive mit Landschaften und Gärten, sie entstanden vermutlich in der Zeit des Tiberius. Als dieser aus seinem freiwilligen Exil auf Rhodos zurückkehrte, lebte er in der Villa Maecenas, die nach dem Tod des Besitzers in staatlichen Besitz übergegangen war.

[6] Die vielschichtige Symbolik dieser Figuren ist nur schwer zu deuten. Sicherlich gehören sie der Welt des Dionysos und der Bacchantinnen an.

DAS HEILIGTUM

DIE »AREA SACRA« AM LARGO ARGENTINA

[1] Zwischen den Tempeln A und B wurde später ein eigenartiges Gebäude errichtet. In ihm war die Verwaltung der Wasserleitungen und Aquädukte untergebracht, der ein spezieller *curator acquarum* vorstand.

[2] Dies ist vor allem zwischen dem Ende des 4. Jahrhunderts v. Chr. und der domitianischen Zeit dreimal geschehen. Die Tempel, die separate Einheiten bildeten, verschmolzen zu einem einheitlichen Komplex.

[3] Unter den angrenzenden Bauwerken befinden sich eine *forica* (Latrine), das *hecatostylum* (die Halle der hundert Säulen) und vor allem die Curia des Pompejus, berühmt geworden durch die Ermordung Cäsars.

[4] Nicht alle Tempel haben unterirdisch begehbare Räume. Lediglich Tempel C und Tempel A weisen eine unterirdische Anlage auf. Tempel C birgt in seinem Untergeschoß den Altar des Aulus Postumius Albinus. Unter Tempel A sind vor allem die verschiedenen Altäre aus den einzelnen Bauphasen und das Labyrinth der Räume interessant, die durch die veschiedenen Umbauarbeiten entstanden.

DIE DREI TEMPEL AM FORUM HOLITORIUM

[1] Vgl. Ovid, *Metamorphosen,* XV, 62–80, übers. von Erich Rösch, München 1997.

[2] Von Holus (Grünzeug, Gemüse). Es befand sich am nördlichen Rand der Regio IX (Circus Flaminius).

[3] Es handelt sich um einen hexastylen (sechs Säulen an der Front) dorischen Peripteros mit elf Säulen an den Seiten. Da sie aus grobem Travertin bestehen, waren sie ursprünglich vermutlich mit Stuck überzogen.

[4] Mit drei Säulenreihen an der Frontseite und zwei auf der Rückseite.

[5] Mit zwei Reihen à sechs ionischen Säulen an der Frontseite und acht an den Seiten (sieben auf der Südseite und zwei auf der Nordseite haben sich erhalten).

[6] Plinius (d. Ältere), *Naturkunde,* VII, 121, hrsg. und übers. von Roderich König in Zusammenarbeit mit Gerhard Winkler, München 1975, S. 89f.

[7] An der südlichen Außenwand der Basilika sind sechs eingemauerte Säulen des dorischen Tempels erkennbar. In der nördlichen Wand haben sich sieben Tuffsteinsäulen des ionischen Tempels erhalten.

[8] Fra' Giocondo, Baldassare Peruzzi, Antonio und Giovanni Battista da Sangallo, Palladio und, wie es scheint, selbst Michelangelo erkundeten diese unterirdischen Bereiche, um die antiken Anlagen zu untersuchen.

[9] Die Cella, auf der die Kapelle der Madonna von Guadalupe steht, diente mit Sicherheit Bestattungszwecken. Unter einem kleinen, in die rechte Apsismauer gegrabenen Bogen befinden sich Schädel und Knochenfragmente, die während der Ausgrabungen gefunden wurden.

DAS HEILIGTUM DER SYRISCHEN GÖTTER AUF DEM GIANICOLO

[1] Das Heiligtum liegt gegenwärtig im Freien, deswegen kann man es nicht als unterirdisch bezeichnen. Es wird hier weniger aufgrund der Tatsache, daß es ursprünglich im Boden vergraben war, erwähnt, sondern weil es zu

jenen Mysterienkulten gehörte, die man sich versteckt und für die meisten Menschen verborgen vorstellen muß (vgl. Mithräen).

[2] Eine archaische italische Gottheit, von der man wenig weiß und die als chthonisches Wesen an die dort sprudelnde unterirdische Quelle und den Wald der Umgebung (Lucus Furrinae) gebunden ist. Zu einer nicht genau bestimmbaren Zeit vereinigen sich ihre verschiedenen Facetten zur Gestalt der Nymphe Furrina.

[3] Es ist bekannt, daß es hier zu dem tragischen Vorfall kam, der zum Tod des Gaius Gracchus führte.

[4] Die erste Bauphase geht auf die späte Republik zurück, die zweite auf die Zeit der Antoninen und die dritte, die heute als einzige sichtbar ist, wird mehrheitlich dem 4. Jahrhundert n. Chr. zugeschrieben.

[5] Es soll daran erinnert werden, daß hier die heilige Quelle der Furrina entsprang, die unterhalb des Tempels kanalisiert wurde.

[6] Marcus Antonius Gaionas war ein reicher syrischer Kaufmann, den man aufgrund einiger Inschriften kennt.

[7] Aus *opus vittatum mixtum* (gemischtes Schichtmauerwerk), d. h. aus horizontal verlegten Tuffsteinblöcken im Wechsel mit Ziegelsteinbändern, die mit Stuck verputzt waren.

[8] Dies ist wahrscheinlich auf einen Fehler des Architekten zurückzuführen.

[9] Die Eier waren zerbrochen, aber zum Zeitpunkt der Entdeckung waren die Schalen noch erhalten, während der Inhalt sich über die Skulptur ergossen hatte. Dies würde den Ausspruch des Arnobius (I, 36) bestätigen: »Ovorum progenies dei Syri« (Die Eier sind Sprößlinge der Syrer).

[10] Es handelt sich mit Sicherheit um das dritte Mitglied der Göttertriade von Heliopolis: Simios. Dieser wurde aufgrund des Synkretismus der letzten Jahrhunderte der Kaiserzeit mit ihrer starken Betonung des Auferstehungsgedankens mit den Gottheiten Adonis, Osiris und Dionysos gleichgesetzt.

[11] Der Saal mit dem ungewöhnlichen oktagonalen Grundriß war fensterlos. Es wurden Bruchstücke von Öllampen gefunden.

[12] Der Tod und die Wiedergeburt des Neophyten im Einklang mit dem Vergehen und Werden der Natur erfolgten sicherlich mittels eines Initiationsganges in fortschreitendem Aufstieg durch die sieben Sphären.

SAN CRISOGONO

[1] Es handelte sich um ein weitläufiges Gebäude, von dem ein großer Saal aus Ziegelstein mit einer monumentalen Arkade an der Fassade anschließend in christlichen Gebrauch überführt wurde.

[2] Die gliedernden Arkaden sind modern. Die auf der rechten Seite dienen zur Stützung der linken Außenmauer der oberen Kirche, die auf der linken Seite zur Stützung der Konventmauern.

[3] Die verschiedenen Türöffnungen in den Außenmauern lassen vermuten, daß diese Kultstätte den sogenannten »offenen Basiliken« wie etwa San Vitale oder Santi Giovanni e Paolo ähnlich war.

[4] Tatsächlich hat dieses Schema unbestreitbar klassische Wurzeln. Man denke etwa an die severische Basilika in Leptis Magna.

[5] G. Mancini, *Rendiconti della Pontificia Accademia di Archeologia,* 1923/24, S. 137ff.

[6] Diese Mauer, die vermutlich aus dem 11. Jahrhundert stammt, teilt den Raum und ist mit einem geometrischen Fresko mit mehreren Wappen der Familie Epifanio geschmückt, der auch Papst Viktor III. (gest. 1087) angehörte.

[7] Er wird in den Märtyrerbüchern nicht erwähnt.

[8] Der *titulus* wird erstmals durch das römische Konzil von 499 bezeugt.

[9] Die drei stehend wiedergegebenen Heiligen, die von spiralförmig kannelierten Säulen gerahmt werden, tragen prächtige Gewänder. Es sind vermutlich Darstellungen des heiligen Crisogono und Vikar Rufino (in Militärtracht) sowie der heiligen Anastasia.

[10] Diese Umbaumaßnahme ermöglichte die Ausgrabung der hufeisenförmigen Krypta unter der Apsis. Sie ist mit zwei *fenestellae confessioni*s ausgestattet, von denen sich eines auf den geraden Gang und das andere zur Basilika hin öffnete.

[11] In dem Raum, der als Sakristei gedeutet wird, wurde in der Tat ein Sarkophag aus dem 2. Jahrhundert n. Chr. gefunden, der zum Zeitpunkt der

Ausgrabung noch verschlossen war und auf dessen Frontseite die Büste des Verstorbenen und eine Meeresszene mit Nereiden und Tritonen zu erkennen ist. Es wurden außerdem weitere Gräber und Terrakotta-Urnen für Kinderleichen gefunden. Es ist nicht auszuschließen, daß die Nutzung dieses Saales für Bestattungszwecke einer späteren Zeit zuzurechnen ist.

[12] Es handelt sich um Malereien, die in das 10. bis 11. Jahrhundert n. Chr. zu datieren sind.

SANTA CECILIA IN TRASTEVERE

[1] Dieser These stimmen nicht alle Wissenschaftler zu. Tatsächlich wurde die heilige Cäcilie als Schutzpatronin der Musik verehrt, da sie gemäß der oben erwähnten *passio* in ihrer Hochzeitsnacht mit der eigenen Stimme als Musikinstrument sang (»cantantibus organis decantabat in corde suo«), was jedoch nicht heißen muß, daß sie wirklich sang oder spielte.

[2] Die Becken wurden später, als die Gerberei nicht mehr existierte, verfüllt und mit Estrich abgedeckt. Bei der Gerberei handelt es sich vielleicht um jene Coraria Septimiana, die in den Quellen erwähnt werden.

[3] Dieser Raum wurde 1665 für die Bestattung der Nonnen angelegt. Hier ist ein kleines Museum mit dem Fundmaterial der Ausgrabungen eingerichtet worden.

[4] Die Krypta stammt von dem Architekten G. B. Giovenale, der zwischen 1899 und 1901 die Kapelle auf Kosten des Kardinals Rampolla baute und sie mit Mosaiken von Giuseppe Bravi ausschmücken ließ.

SAN CLEMENTE

[1] Der *titulus Clementis* entstand vermutlich auf der patrizischen Domus jenes Clemens, von der einige Forscher annehmen, daß er der Familie des Märtyrer-Konsuls Titus Flavius Clementis angehörte, der namensgleich mit dem Heiligen ist, dem die Basilika geweiht ist.

[2] Der Text der Widmungsinschrift lautet: EGO MARIA MACELLARIA P(RO) TIMORE DEI ET REMEDIO ANIME MEE HEC P(RO) G(RATIA) R(ECEPTA) F(IERI) C(URAVI).

[3] Dies sind die slawischen Heiligen, die den Körper des heiligen Clemens nach Rom brachten.

SAN MARTINO AI MONTI

[1] Eine nicht allgemein anerkannte Hypothese.

[2] Ihr Name wurde je nach Stifter als *titulus Pammachii* oder *titulus Vestinae* angegeben, die durch das Testament (Anfang des 5. Jahrhunderts n. Chr.) des Senators Pammacchius bzw. der Edelfrau Vestina gestiftet wurden.

[3] Die Datierungen sind umstritten. Einige Quellen geben für die Umgestaltung das 4. Jahrhundert, andere das 5. Jahrhundert an.

[4] Es wurden Fragmente der Schranken und andere Architekturteile des Presbyteriums gefunden.

SANTI GIOVANNI E PAOLO

[1] Der Clivus Scauri ist eine antike Straße, die vermutlich mit der Familie der Aemilii Scauri in Verbindung steht. Sie führt unter dem Bogen des Dolabella und des Silanus (römische Konsuln) durch und gibt eine sehr suggestive Vorstellung von einer spätantiken Straße.

[2] Es handelt sich um die frühesten christlichen Versammlungsstätten, die größtenteils in privaten Wohnhäusern entstanden und den »Titel« von ihren Besitzern übernahmen.

[3] Diese Räumlichkeiten wurden seit 1887 bei einer Reihe von Ausgrabungen und nach von Padre Germano di San Stanislao und seinen Nachfolgern entdeckt.

[4] Der Besitzer war vielleicht Pammachius oder Byzanz, die in den Quellen genannt werden. Die ursprüngliche Kirche wird jedenfalls als *titulus Byzantis* oder *Pammachii* erwähnt.

[5] Es gibt verschiedene Thesen über die Anzahl der Wohnungen in dem Wohnblock mit Blick auf den Clivus Scauri. So ist einmal von einer, dann von zwei und sogar von drei, vier oder fünf Wohnungen die Rede. Krautheimer zufolge waren es zwei. Komplex ist die Schichtung der Wohnungen, die in verschiedenen Epochen mit An- und Umbauten entstanden sind. Da die Grabungen noch nicht abgeschlossen sind, ist es schwierig,

zu einer endgültigen Lösung bezüglich der Raumaufteilung und der Bauphasen dieser Wohnungen zu gelangen.

[6] Bezüglich des Themas der Darstellung gibt es keine Übereinstimmung unter den Forschern. Die einzige als sicher geltende Interpretation ist die der männlichen Figur, die als Bacchus gedeutet wird.

[7] Diese Dekoration ist in das 2. Jahrhundert n. Chr. zu datieren.

DAS HYPOGÄUM IN DER VIA LIVENZA

[1] Dieser Raum ist Teil eines ursprünglich kreisförmigen Saales, der unter den umstehenden Gebäuden verborgen bleibt. Er stellt jedoch den interessantesten Bereich des gesamten Baukomplexes dar, der innerhalb der ausgedehnten Nekropole der Via Salaria Vetus liegt.

[2] *Homerischer Hymnus auf Artemis,* II, 1–10.

[3] R. Paribeni, Un edificio sotterraneo di tarda età imperiale, *Rendiconti della Pontificia Accademia Romana di Archeologia* 1923; R. Paribeni, *Notizie degli Scavi,* 1923.

[4] Das Mosaik befindet sich auf der rechten Wand unmittelbar vor dem Bogen, der die Malereien überspannt.

[5] Diese Hypothese wird durch einige vor Ort gefundene Ziegelstempel mit dem Monogramm Konstantins bestätigt.

[6] Siehe auch G. Wilpert, Un battistero ›Ad Nymphas B. Petri‹, *Rendiconti della Pontificia Accademia Romana di Archeologia* II.

[7] F. Hubaux, Le plongeon rituel, *Musée Belge* XXVII, 1923.

[8] R. Paribeni, *Notizie degli Scavi,* 1923.

DAS HYPOGÄUM DER FLAVIER

[1] Michele Stefano de Rossi ist der Bruder des bekannteren Giovanni Battista de Rossi, des Begründers der christlichen Archäologie.

[2] 1874 fand de Rossi bei den Ausgrabungen der Basilika Santi Nereo e Achillo ein Inschriftenfragment, das als Teil der an der Fassade des Hypogäums angebrachten Tafel gedeutet wurde. Das Fragment wurde von de Rossi folgendermaßen ergänzt: SEPUL[CRUM] FLAVI[ORUM]. Eine sehr angreifbare Rekonstruktion, die viele Diskussionen hervorgerufen hat.

[3] Es handelt sich um eine der größten unterirdischen Nekropolen Roms.

[4] Der lineare Stil der römischen Wandmalerei entwickelte sich in der ersten Hälfte des 3. Jahrhunderts. Die christlichen Darstellungen stammen hingegen aus der Zeit des Kaisers Gallienus (260–268 n. Chr.).

INSULAE, DOMUS

[1] Vitruv, *Über die Architektur,* II, 8, 17.

[2] Vgl. Glossar.

DAS RÖMISCHE HAUS UNTER DEM MUSEO BARRACCO

[1] Durch seine guten Kontakte zum französischen Königshaus hatte der Prälat zum Konkordat zwischen Leo X. und Franz I. beigetragen. Als Dank für diese erfolgreiche diplomatische Vermittlungstätigkeit gestattete ihm der König, die französischen Lilien in sein Wappen einzufügen. Diese bilden gemeinsam mit den bretonischen Hermelinen (Le Roy stammte aus der Bretagne) die Verzierung der Stockwerkgesimse des Palazzo und wurden später mit den Lilien der Farnese verwechselt, wodurch es zu dem irreführenden Namen »Piccola Farnesina« kam, der bis heute verwendet wird.

[2] Diese Zuschreibung erfolgte aufgrund einiger architektonischer Ähnlichkeiten mit dem nahegelegenen Palazzo Farnese.

[3] Bei der Verstärkung der Cinquecento-Fassade in der Via dei Baullari (1899) wurden die Fundamente des Palazzos ausgegraben.

[4] Es handelt sich zum größten Teil um wiederverwendete Säulen. Drei Säulen ruhen auf attischen Basen älterer Bauwerke, während drei andere auf umgekehrten tuskanischen Kapitellen von ausgezeichneter Qualität stehen, die ebenfalls aus der frühen Kaiserzeit stammen.

[5] Es besteht aus Ziegelreihen im Wechsel mit Tuffsteinreihen.

[6] Das *labrum* steht auf einem rechteckigen Sockel.

[7] Die verschiedenen Schichten bezeugen die unterschiedlichen Bauphasen, wobei die erste aus rechteckigen Cipollino-Platten dem Bau der Säulenhalle sicherlich vorausging.

[8] Marmorintarsien, die aus verschiedenfarbigen Marmorsorten zusammengesetzt sind, so daß sich ein meist geometrisches, seltener stark abstrahiertes, figürliches Muster ergibt.

[9] Nach einer Analyse des Stils scheinen die Malereien im 4. Jahrhundert entstanden zu sein.

[10] Bei den *mensae ponderariae* handelt es sich um Marmorblöcke oder -tische, deren Oberseite mehrere Vertiefungen – in der Regel vier (zwei größere und zwei kleinere) – von unterschiedlicher Größe aufweisen. In die Hohlräume wurden Metallbehälter gesteckt, in die das Verkaufsprodukt (meistens Getreide) eingefüllt und dabei abgemessen wurde.

[11] Die Hirschjagd wurde als Vorführung eines *desultor,* eines Reiterakrobaten, der von einem galoppierenden Pferd auf ein anderes springt, gedeutet.

DER UNTERIRDISCHE BEREICH VON SAN PAOLO ALLA REGOLA

[1] Es handelt sich um den Palazzetto Specchi, der sich in der Via San Paolo alla Regola Nr. 16 befindet. Der antike Baubestand besteht aus vier Stockwerken (zwei davon unterirdisch) aus der Kaiserzeit, die die Fundamente der mittelalterlichen Gebäude bilden.

[2] Dieses Stockwerk liegt acht Meter unter dem heutigen Straßenniveau.

[3] Es handelt sich um den sogenannten Säulensaal, der ursprünglich ein offener Hof war. Die umfangreichen Untersuchungen der Wände haben ergeben, daß es sich um eine komplexe Schichtung von Bauphasen handelt, durch die der Raum infolge verschiedener Eingriffe in seiner Substanz erheblich verändert wurde. Nachdem er in severischer Zeit umgebaut worden war, wurden an gleicher Stelle zwei weitere Lagerhallen gegenüber einer Hausfassade errichtet. In konstantinischer Zeit erfolgten nach einem Brand weitere tiefgreifende Veränderungen, wobei ein Stockwerk eingeebnet und die Mauern massiv verstärkt wurden.

[4] Wie bei dem ersten Hof ist auch bei diesem die historische Schichtung höchst komplex.

[5] Die dort vorhandenen gemauerten Becken haben auf diese Verwendung schließen lassen.

[6] Die über eine eigene »Universitas Mercatorum Vaccinorum vel Lanariorum, vel Corariorum« verfügten (etwa: Marktgemeinschaft für Vieh, Wolle und Innereien).

DIE DOMUS AUREA

[1] Sueton, *De vita duodecim Caesarum libri, Nero,* VI, 31.

[2] *Roma domus fiet: Veios migrate Quirites,/ si non et Veios occupat ista domus:* Dies ist eine der bekanntesten Invektiven der Römer zu diesem Thema. Sueton, op. cit., VI, 31.

[3] Sueton, op. cit., VI, 31.

[4] Plinius, op. cit., XXV, 120.

NUTZBAUTEN

SETTE SALE

[1] Die bis heute gebräuchliche Bezeichnung entstand, weil man zunächst nur sieben Säle entdeckte.

[2] *Fistulae* sind Wasserrohre aus Ton oder Blei.

[3] Die Säle haben alle die gleiche Breite von 5,25 Meter und verkürzen sich in der Länge von der Mitte zu den Seiten hin von 39,75 Meter auf 29,30 Meter.

[4] Die Krümmung der Rückwand war erforderlich, um dem enormen Wasserdruck standzuhalten.

DIE RÖMISCHE ZISTERNE IN DER VIA CRISTOFORO COLOMBO

[1] Auf den Ziegeln der Wandverkleidung (Sesquipedales, 45 x 45 cm) befindet sich der Herstellerstempel: TROPHIMI AGATHOBULI/DOMITI TULLI. Sie können deshalb in die Zeit zwischen 93/94 und 108 n. Chr. datiert werden.

[2] Unten auf der rechten Seite kann man durch eine unregelmäßige Öffnung die Bettung für die Rohre mit rundem Querschnitt sehen. Es handelt sich um einen Abwasserstollen.

[3] Es handelt sich um ein Konglomerat aus Terrakottabruchstücken, die

mit Sand und Kalk vermischt wurden. Es wurde benutzt, um die Wände wasserundurchlässig zu machen.

DIE SONNENUHR DES AUGUSTUS

[1] Der Obelisk wurde auf der Piazza del Parlamento in Höhe der Hausnummer 3 gefunden und 1748 versetzt, wie man auf einer von Papst Benedikt XIV. aufgestellten Stele bis heute lesen kann.

[2] Plinius (d. Ältere), *Naturkunde,* XXXVI, 15, hrsg. und übers. von Roderich König in Zusammenarbeit mit Joachim Hoppe, München 1992, S. 57.

[3] Die Sonnenuhr beanspruchte ein sehr großes Areal, das sich von Süden nach Norden zwischen der Piazza del Parlamento und der Piazza di San Lorenzo in Lucina und von Osten nach Westen zwischen der Via in Lucina und der Via della Lupa erstreckte.

[4] Weitere Überreste der Sonnenuhr befinden sich unter der Kirche San Lorenzo in Lucina.

DAS STADION DES DOMITIAN

[1] Die Länge eines Laufs entsprach etwa 200 Metern.

[2] Sueton, *Domitian,* XII, 4,4.

[3] Da es sich um ein Stadion und nicht um einen Zirkus handelte, dürfte es in der Arena weder eine *spina* (steinerne Trennlinie in der Mitte) noch *carceres* (Startboxen für die Wagen) gegeben haben.

[4] Cicero, *Gespräche in Tusculum,* IV, 70, übers. v. Olaf Gigon, München 1984, S. 364.

[5] Tacitus, *Annalen,* XIV, 20,4, übers. v. Walther Sontheimer, Stuttgart 1967, S. 131.

[6] Die Fassade war durch Arkaden gegliedert, die auf Travertinpilastern mit ionischen Halbsäulen ruhten. Zwischen dem ersten und zweiten Wandelgang befand sich ein Ring, der aus Pilastern und strahlenförmig angeordneten Mauern bestand und in den die Treppen integriert waren. Von diesem Bauabschnitt an wurde der Travertin durch Ziegel ersetzt.

[7] Mit ionischen Halbsäulen im Erdgeschoß und korinthischen im ersten Stockwerk.

[8] Es handelt sich um einen der Haupteingänge, der in der Mitte der gebogenen Seite lag. Zwei weitere Haupteingänge öffneten sich in der Mitte der Längsseiten. Reste eines dieser Eingänge liegen im unterirdischen Bereich von Sant'Agnese, wo sich neben dem hier besprochenen die bemerkenswertesten Spuren der Wettkampfarena befinden. Vermutlich gab es an der schmalen geraden Südseite einen vierten Eingang.

[9] Der unterirdische Bereich, der in den Jahren 1936 bis 1938 ergraben wurde, ist unter dem Palazzo dell'Ina sichtbar geblieben. Hinter den Arkaden im Erdgeschoß verliefen drei parallele Wandelgänge. Zwischen ihnen befanden sich die Pilaster und die strahlenförmigen Mauern, die den Zuschauerraum und die großen Säle im ersten Stockwerk stützten. Zahlreiche Treppen führten zu den beiden übereinanderliegenden Zuschauerrängen.

DIE LATRINE IN DER VIA GARIBALDI

[1] Strabo, *Geografia,* V, 2,8.

[2] Martial, *Epigramme,* XI, LXXVII, übers. von Paul Barié und Winfried Schindler, Düsseldorf/Zürich 1995, S. 296.

DIE WACHKOHORTE VII

[1] Juvenal, *Satiren,* III, übers. von Harry C. Schnur, Stuttgart 1969, S. 34.

[2] Ebenda.

[3] Ebenda.

[4] Dem *praefectus vigilum* unterstanden etwa 7 000 Mann.

[5] Jede Zenturie bestand aus etwa 100 *vigiles,* denen ein *zenturio* vorstand.

[6] Dieses Gebäude befindet sich acht Meter unter dem Straßenniveau.

[7] Es handelt sich um ein kleines *lararium,* das dem Schutzgenius der Kaserne geweiht war und ursprünglich vollständig mit Fresken ausgestattet gewesen sein muß.

[8] Diese Graffiti-Sammlung ist außergewöhnlich groß. Sie kann in die Zeit zwischen 215 und 245 n. Chr. datiert werden.

[9] Die *milites sebaciarii* mußten Fackeln und Lichter für die Straßenbeleuchtung präparieren (*sebaciaria* kommt von *sebum,* Talg).

Glossar

Agape Rituelles Festmahl.

Akrolith Statue aus verschiedenen Materialien, deren Arme, Kopf und Beine aus Marmor, kostbarem Stein oder Elfenbein bestehen konnten, die Gewänder aus Gold- oder Bronzeblech.

Ambulacrum 1. Überdeckter Durchgang. 2. In mittelalterlichen Kirchen der begehbare Raum hinter dem Chor.

Apsis Halbkreisförmige oder polygonale Nische an einem größeren Raum, die mit einer Halbkuppel überwölbt ist (auch Konche genannt). Sie hat ihren Ursprung in der römischen Architektur. In den christlichen Basiliken schließt sie das Hauptschiff und manchmal auch die Seitenschiffe ab.

Arx Zitadelle, Burg, Festung. Auch die höchste Erhebung des Kapitols (Arx Capitolina).

Atrium 1. Raum in etruskischen und römischen Wohnhäusern, eine Art Innenhof mit umlaufenden Säulengängen, von dem man in die Zimmer gelangte. 2. In christlichen Basiliken die Säulenvorhalle am Eingang.

3. Ganz allgemein versteht man darunter den aufwendig gestalteten Eingang von Kirchen oder Palästen.

Basalt Stein vulkanischen Ursprungs, der für die römische Straßenpflasterung benutzt wurde.

Basilika Mehrschiffiges, römisches Bauwerk mit rechteckigem Grundriß, das manchmal an den Seitenschiffen oder an den Enden des Mittelschiffs mit Apsiden ausgestattet ist. Sie war das Vorbild für die christlichen Basiliken.

Cella Das Allerheiligste eines Tempels (entspricht dem griechischen *naos*), in dem sich die Statue der verehrten Gottheit befand.

Cenaculum Eigentlich das Eßzimmer, aber auch die Räume der oberen Stockwerke und des Dachgeschosses, wo die ärmsten Leute wohnten.

Cipollino Marmor mit parallelen, weißlich- bis dunkelgrünen Streifen, der aus den Steinbrüchen bei Karystos an der Südspitze von Euböa (Griechenland) stammt.

Clipeus Großer lederner Rundschild, der von den Römern verwendet wurde. Im erweiterten Sinn eine dekorative Umrahmung von runder Form.

Cubiculum 1. Schlafzimmer im antiken römischen Wohnhaus. 2. Grabkammer in den Katakomben.

Excubitorium Truppenabteilung einer Wachmannschaft.

Fistula In der Antike verwendetes Wasserrohr aus Ton oder Metall.

Forum In der Regel mit Säulenhallen versehener Hauptplatz einer römischen Stadt, an dem Tempel und Verwaltungsgebäude lagen und auf dem sich die wichtigsten öffentlichen Angelegenheiten abspielten.

Gnomon Zeiger einer Sonnenuhr, dessen Schatten die Stunden anzeigt.

Hexastylos Tempel oder Gebäude mit sechs Säulen an der Frontseite.

Hypogäum Unterirdischer Raum mit unterschiedlichen Funktionen.

Kandelaber Klassische architektonische oder malerische Dekoration auf Lisenen, Pilastern oder Wandpaneelen in Form eines stilisierten hohen, schlanken Kerzenhalters, der von anderen, teilweise phantastischen Schmuckelementen eingefaßt wird.

Kreuzgewölbe Gewölbe, das aus der Überschneidung zweier Tonnengewölbe mit den charakteristischen vier Segmenten entsteht.

Krypta Bei den Griechen und Römern wird mit diesem Begriff ein verborgener, unterirdischer Raum bezeichnet, bei den Christen ein Raum (oder mehrere) unter dem Presbyterium (Chor) der Kirche, der zur Bestattung der Märtyrer und zur Aufbewahrung der Reliquien diente.

Kryptoportikus Überdeckter unterirdischer oder teilweise unterirdischer Säulengang, der kennzeichnend für die römische Architektur ist.

Lararium Kleines nischenförmiges Heiligtum im römischen Wohnhaus, in dem die *laren* oder *penaten,* die Hausgötter, verehrt wurden.

Lautumiae Eingefallene Steinbrüche, die als Gefängnisse unter freiem Himmel dienten, auch allgemein Kerker.

Mausoleum Monumentales Grabmal. Die Bezeichnung stammt von der Grabstätte des altkarischen Königs Mausolos (350 v. Chr.) in Halikarnassos.

Nekropole Antikes Gräberfeld.

Obelisk Hoher, schlanker monolithischer (aus nur einem Stein bestehender) Pfeiler ägyptischen Ursprungs, manchmal mit einer Inschrift geschmückt.

Odeon Überdecktes Gebäude, eine Art kleines Theater, das in der Antike zur Veranstaltung von Konzerten, Gesangsaufführungen und Rezitationsdarbietungen diente.

Oktastylos Tempel oder Gebäude mit acht Säulen an der Frontseite.

Olla Bauchiges Gefäß, das von den Römern zur Aufbewahrung von Flüssigkeiten und als Behälter für die Asche von Verstorbenen benutzt wurde.

Opus mixtum Römisches Mauerwerk zur Verstärkung des *opus reticulatum* mit waagerechten Ziegelsteingurten, das durch seitlich angebrachte Ankersteine vervollständigt wird, so daß die Netzflächen von horizontalen Gurten eingefaßt sind.

Opus reticulatum Mauerwerk aus diagonal in einem Netzmuster angeordneten Tuffsteinen mit glatter Vorderseite.

Opus sectiles Mosaiktechnik unter Verwendung relativ großer, in unterschiedlichen Formen geschnittener Steinplatten, die meistens aus Marmor, bisweilen aber auch aus anderen Materialien bestehen.

Opus signinum Verputz aus gebrannten Tonscherben, Sand und Kalk, das zur wasserundurchlässigen Abdichtung von Wänden verwendet wurde.

Opus spicatum Römisches Mauerwerk, bei dem Steine und Ziegelsteine im Fischgrätmuster angeordnet sind.

Opus tesselatum Mosaik aus kleinen Stein-, Marmoroder Glaswürfeln.

Opus vittatum Römisches Mauerwerk, bei dem waagerechte Ziegelschichten im Wechsel mit ebenfalls waagerecht verlaufenden Tuffsteinschichten verlegt sind.

Peperin Gräulicher, gefleckter Tuffstein vulkanischen Ursprungs.

Peripteros Tempel, bei dem die Cella von einem Säulenkranz umstanden ist.

Peristyl Die einen Innenhof umgebende Säulenhalle, an die sich die verschiedenen Räume des römischen Hauses anschlossen. Auch der Vorhof einer frühchristlichen Basilika.

Portasanta Marmor aus dem östlichen Mittelmeer mit orangefarbenen bis blutroten Einlagerungen und Maserungen auf dunklem (grauem bis fleischfarbenem) Untergrund.

Schiff Jeder lange Raumabschnitt, in den mittels Mauern, Säulen oder Pfeilern der Innenraum einer Kirche unterteilt ist.

Statio Militärischer Wachposten.

Tablinum Der zum Atrium offene Wohn- und Speiseraum des römischen Wohnhauses.

Travertin Bei römischen Bauwerken häufig verwendeter Kalkstein aus den Steinbrüchen bei Tivoli.

Triklinium Eßzimmer des römischen Wohnhauses.

Velarium oder **Velum** Stoffplane, die im römischen Theater das Publikum vor der Sonne schützte.

Zirkus Langgestrecktes römisches Bauwerk für Wagenrennen mit einer halbkreisförmigen Schmalseite. Charakteristisch war die sogenannte *spina* (Rückgrat) in der Mitte der Bahn, eine lange Mauer, auf deren Endpunkten sich jeweils eine Säule oder ein Obelisk (*meta*) als Wendemarke für die Wagen befand.

Bibliographie (Auswahl)

U. Bianchi (Hrsg.), *Mysteria Mithrae*, Atti del Seminario Internazionale »La specificità storico-religiosa dei misteri di Mithra con particolare riferimento alle fonti documentarie di Roma e di Ostia«, Leiden 1979.

U. Bianchi, *La tipologia storica dei misteri di Mitra* in »Aufstieg und Niedergang der römischen Welt«, II, 17, 4, Berlin/New York 1984.

J. Carcopino, *Rom. Leben und Kultur in der Kaiserzeit,* Stuttgart 1979.

F. Castagnoli, *Topografia di Roma antica* in *Enciclopedia classica,* III, 10, 3, Turin 1954.

F. Coarelli, *Rom. Ein archäologischer Führer*, Freiburg 1975.

L. Crema, *L'architettura romana* in *Enciclopedia classica,* III, 12, 1, Turin 1959.

F. Cumont, *Textes et monuments figurés relatifs aux mystères de Mithra*, I–II , Brüssel 1896–1898.

F. Cumont, *Die Mysterien des Mithras. Ein Beitrag zur Religionsgeschichte der römischen Kaiserzeit,* Darmstadt 1975.

J. Darmesteter, *Le Zend-Avesta*, Paris 1892.

I. Della Portella, *Roma Sotterranea: le città sotto la città*, Newton-Compton, Rom 1996.

Enciclopedia dell'arte antica, Roma, Bd. VI, Rom 1965.

G. Lugli, *I monumenti antichi di Roma e suburbio*, Bde. I–III und Supplementband, Rom 1931–1940.

G. Lugli, *Itinerario di Roma antica*, Mailand 1975.

G. Lugli, *Roma antica. Il centro monumentale*, Neudruck Rom 1968.

R. Merkelbach, *Mithras*, Königstein 1984.

Mithraic Studies. Proceedings of the First International Congress of Mithraic Studies 1971, I–II, Manchester 1975.

A. Von Prònay, *Mitra*, Florenz 1991.

J. M. C. Toynbee, *Death and Burial in the Roman World*, London 1971.

C. W. Weber, *Panem et circenses*, Mailand 1989.

QUELLEN

Apuleius, *Metamorphosen.*

Ausonius, *Epistulae,* XXXI.

Cicero, *Tusculanae.*

Julius Firmicus Maternus, *De errore profanarum religionum.*

Justinus, *Apologien.*

Juvenal, *Satiren.*

J. W. Goethe, *Italienische Reise,* München 1962.

Horaz, *Carminum libri .*

Horaz, *Odi.*

Horaz, *Saturae.*

Horaz, *Sermones.*

Titus Livius, *Ab Urbe Condita Libri* .

Macrobius, *Saturnaliorum libri.*

Martial, *Epigrammata.*

Ovid, *Fastorum libri* (*Fasten*).

Ovid, *Metamorphosen.*

A. Palladio, *I quattro libri dell'architettura.*

Plautus, *Mostellaria.*

Plinius, *Naturalis Historiae libri 37.*

Polybios, *Historiae.*

Porfirius, *De antro nympharum.*

Seneca, *Epistulae morales ad Lucilium.*

Sallust, *De coniuratione Catilinae.*

Sueton, *Das Leben der Caesaren.*

Tacitus, *Annales.*

Tertullian, *De corona.*

Tertullian, *De baptismo.*

Vitruv, *De Architectura Libri Decem.*

Weiterführende Literatur, erschienen bei der Könemann Verlagsgesellschaft mbH, Köln:

M. Bussagli (Hrsg.), *Rom – Kunst & Architektur,* 1999.

C. Cresti und C. Rendina, *Die römischen Villen & Paläste,* 1998.

H. Dodge und P. Connolly, *Die antike Stadt – Das Leben in Athen und Rom,* 1998.

A. Ramage und N. H. Ramage, *Römische Kunst – Von Romulus zu Konstantin,* 1999.